미술과 성경

-고대부터 현대까지 기독미술 이야기-

미술과 성경

-고대부터 현대까지 기독미술 이야기-

초판1쇄 인쇄　2025년 5월 26일
초판1쇄 발행　2025년 5월 30일

지 은 이　신채기
펴 낸 이　신일희
펴 낸 곳　계명대학교 출판부
출판등록　제347-1998-1호(1970. 9. 1)
주　　소　대구광역시 달서구 달구벌대로 1095
대표전화　053-580-6233
팩　　스　053-580-6235
홈 페 이 지　www.kmupress.com

ISBN 979-11-6516-251-1　03600　　정가 20,000원

- 이 연구는 2021년도 계명대학교 비사연구기금으로 이루어졌음(과제번호:20210270)

미술과 성경

-고대부터 현대까지 기독미술 이야기-

신채기

빛을여는책방

머리말

"내가 주께 대하여
귀로 듣기만 하였삽더니
이제는 눈으로 주를 뵈옵나이다"
(욥기 42:5)

'보는 경험'이 단지 들어서 알았던 것과 얼마나 차이가 났는지 욥은 절절한 고백을 통해 우리에게 말하고 있다. 어떤 의미에서 미술은 우리의 시각에 호소함으로써 글과는 또다른 형태로, 위대한 예술가들이 만났던 하나님을 역사 속에서 증언하고 있다. 각각의 작품들은 지극히 개인적인 발언이기도 하지만 그들이 존재했던 시대의 산물이기도 하다.

이 책은 하이라이트 작품들을 통해 기독미술의 거대한 지형도를 파악해보고자 하는 의도에서 집필되었다. 예수님의 첫 팔로워들이 흔적을 남긴 로마시대 미술부터 오늘날 현대미술에 이르기까지 예수의 메시지와 정신이 어떻게 이해되고 받아들여져 왔는지를 큰 그림으로 조망하고자 하였다. 흔히 '기독미술'이라고 하면 '중세 미술'을 중심으로 논의되는 경향이 있다. 연구자들이 주로 가톨릭 신자이기도 하다. 이런 의미에서 본 저서는 일반적인 논의의 영역을 확장하고자 하는 의도가 있다. 이에 이 책은 '종교개혁과 미술의 관계(우상타파)'에 대한 중요한 내용을 포함하며, 종교개혁 이후 소위 '종교 미술'이 사라지게 되었을 때 미술은 신앙심을 어떻게 표현할 수 있었는지에 대한 논의, 그리고 시대를 거쳐 기독미술의 정신적인 명맥이 현대미술로까지 이어진 흔적을 다룬다. 주류 문화가 점차적으로 기독교 중심의 가치관에서 겹치듯 다르게 멀어져간 복잡한 역사를 생각해볼 수 있다. 그 과정에서 논의되는 하이라이트 미술은 중세 성당이나 카타콤 벽화는 물론, 레오나르도 다 빈치, 미켈란젤로, 라파엘로, 렘브란트, 카라바지오, 반 고흐, 모네, 칸딘스키, 뭉크, 고갱, 몬드리안, 로스코, 터렐 등, 일반인에게도 익숙한 거장들의 작품을 포함한다. 책의 마지막에서는 오늘날 우리의 위치, 당대 문화를 조망하는 자리에 돌아와 서게 된다.

주제 별로는 각 시대를 대표하는 내용을 중심으로 설명해보고자 하였다. 이에 이 책은 심볼/정치/이성/말씀/미술/자연/혼돈/추상의 주제로 구성된다. '정치' 파트의 세부 주제인 <최후의 심판도>의 경우, 역사적 흐름에 따라 종교개혁으로 이어지는 위기감을 통감할 수 있다. 그림이 가지는 기호학적인 면모와 정치사회적인 의미, 때로는 작가의 개인사적인 스토리들을 넣어 쉽게 읽히면서도 기독문화의 다양한 단면들을 보이고자 하였다. 미술책을 읽는 즐거움을 위해 그림도 되도록 많이 싣고자 노력하였다.

흔히 ‘미술’이라고 하면 아름다운 것을 생각한다. 하물며 종교적인 미술이라면 일반 미술보다 더 큰 거룩함, 더 심오한 깊이, 더 큰 감동을 기대할 것이다. 하지만 미술은 그것이 지향하는 절대적으로 순수하고 성스러운 열망만큼 그와 반대되는 성격도 담아낸다. 이 책에 담긴 작품들은 하나님을 만난 기쁨의 희열과 영원한 소망을 담아내기도 하지만, 때로는 욥과 같이 나락으로 떨어진 절망감, 다윗이 빠졌던 유혹의 그림자, 이해가 안 되는 혼돈 속에서의 반항과 절규를 드러내기도 한다. 자기 의로움과 자기 신격화, 하나님을 떠난 마음도 읽혀진다. 골방 속 혼자만의 기도, 그리고 시련을 통해서만 이르게 되는 초연한 시선은 매우 드물고 귀하게 여겨진다.

어쩌면 우리 인생 하나하나 속에 중세적 첫 만남이, 르네상스적 이성의 개입이, 종교개혁의 변화와 혁신이, 혼돈과 갈등으로 얼룩진 19세기적인 방황이나 하나님을 잃어버린듯한 현대의 시간이 모두 담겨있다는 생각이 든다. 과거 미술의 역사가 우리 개인의 삶과 무관하지 않은 이유이다. 그 방황과 실패, 영적 이끄심과 은혜의 순간들을 미술에서 다시 만나며 우리 자신을 돌아볼 수 있다. 하나님의 인도하심이 늘 우리와 함께 하시길 기도드리며,

2025년 5월

신 채 기

차례

머리말 _ 5

I. 신의 얼굴

01 처음 만나는 예수 -선한 목자 13
02 비밀스런 기호들 -천상의 세계 21
03 '왕 중 왕' -자주색 토가의 예수 34

II. 천국과 지옥

01 신성한 권력 -예수의 '최측근' 45
02 체계화되는 '하나님의 나라' -로마네스크 조직도 51
03 <최후의 심판도> -미리 보는 지옥 63

III. 모든 것을 보는 눈

01 전지전능하고 공의로운 -원근법의 기호학 87
02 이성은 믿음에 이르는 도구 -역설어의 기능 93

IV. 오직 은혜

01 뒤러와 크라나흐 -다시 성경으로 111
02 미켈란젤로 케이스 119

V. 종교개혁 이후의 미술

01 '종교미술'이 사라진 종교 -새로운 시작 127
02 렘브란트 케이스 143

VI. 대자연 속의 하나님

01 초월적이고 내재적인 (19c 독일) 155
02 '축복의 증거'로서의 풍경화 (19c 미국) 159
03 상징적 의미가 사라진 '빛' (19c 프랑스) 162

VII. 세상 속에서

01 반 고흐 케이스 169
02 광기의 시대 -세속화, 전쟁, 팬데믹 속의 미술 175

VIII. 현대미술과 영성

01 눈으로 볼 수 없는 것들 -추상화의 대두 199
02 말레비치 케이스 209
03 우리 시대의 '절대 순수' -이제 어디로? 218
04 빛의 미술 222

참고문헌 _ 231
그림목록 _ 237
찾아보기 _ 239

Art Church Bible

I

신의 얼굴

01 처음 만나는 예수 -선한 목자

02 비밀스런 기호들 -천상의 세계

03 '왕 중 왕' -자주색 토가의 예수

I.
신의 얼굴

01. 처음 만나는 예수 -선한 목자

인류 역사 상, 가장 오래 전에 그려진 예수의 모습들은 어떤 모습일까? 그리고 이 그림들이 남아있는 곳은 어디일까? 로마 근교의 어느 교회나 유명한 미술관의 화려한 조명 아래 보존되어 있으리라 생각하기 쉽지만 사실은 그렇지 않다. 아직 기독교가 탄압 받던 시절, 숨어서 예수를 믿던 이들이 비밀스레 담아낸 예수의 모습은 창문도 없고, 햇볕도 전혀 들지 않는 어두운 지하, 땅 밑 '카타콤(catacomb)'의 좁은 공간 속에 남아있다. 기독교인들이 로마 제국의 종교 탄압을 피해 예배드린 장소가 카타콤이라는 이야기가 널리 퍼져있지만, 카타콤은 애초에 기독교인들이 예배를 드리기 위해 만든 비밀 장소가 아니었다. 이곳은 무엇보다 저소득층 로마인들이 죽은 자를 묻기 위해 이용하던 '공동묘지'였다.

땅값이 비쌌던 로마에서 묘지로 쓰기 위한 토지를 별도로 구입할 만큼 부유하지 못했던 서민들은 지하에라도 시체를 안치할 공간을 찾았다. 2세기 경부터 유행하기 시작한 이 '로마식 매장'의 방식은 로마의 지질학적 특성과도 관련이 있다. 로마의 화산암은 지질이 연하여 파내려가기 쉬우면서도 일단 파고 나면 공기가 들어가 적당히 단단해졌다. 로마인들은 비좁게 이어지는 갱도의 벽에 선반처럼 수평으로 길게 홈을 파고 그곳에 유해나 시신을 넣었다. 경제적인 여유가 있는 자들은 관을 짜서 넣기도 했지만 형편이 여의치 못하면 시신을 넣고 입구를 벽돌이나 석회로 막기도 했다. 5세기 중엽까지 유행했던 이 문화로 인해 로마 지역을 중심으로 남아있는 지하 갱도는 그 길이가 무려 885킬로미터에 달했고(이는 서울에서 제주도를 갔다가 다시 돌아오는 거리이다), 이 갱도를 따라 400만~650만 명의 시신이 카타콤에 안치되었다. 미로에 미로가 이어지는데 더해 이런 미로들이 층층이 파고들면서 구간에 따라서는 지하 3층까지도 내려가는 복잡한 구조였다.[01] 이 지하 땅굴의 몇몇 모퉁이에 우리는 의미있는 그림들이 남아있는 것을 발견한다. 망자의 공간을 장식하는 그림들 속에 담겨있는 기독교적 메시지를 우리는 <성 피에트로와 마르첼리노의 카타콤>에서도 발견한다.

우선 이 무덤에 묻힌 사람이나 벽화를 그린 사람들은 지상에서 직접 예수를 만난 적이 없는 사람들이라는 점을 기억할 만하다. 이들은 오직 믿음으로 예수를 그들의 구세주로 받아들이고 로마 제국의 기독교에 대한 핍박 속에서 기독 신앙을 이어간 사람들이었다. 그렇다면 이들이 '만난' 예수는 어떤 모습인가? 무덤 내 벽화의 형태로 남아있는 그리스도의

---

01 Terry Glaspey, 75 Masterpieces Every Christian Should Know: The Fascinating Stories Behind Great Works of Art, Literature, Music and Film, Moody Publishers, 2021. Glaspey의 훌륭한 정보와 운치 있는 설명들이 카타콤에서 시작되는 기독미술의 역사를 잘 소개하고 있다.; Rev. James Spencer Northcote, The Roman Catacombs, Sophia Institute Press, 2017.

지하묘소를 장식한 벽화
〈성 피에트로와 마르첼리노의 카타콤〉 4c, 로마

〈선한 목자〉
성 피에트로와 마르첼리노의 카타콤, 4c, 로마

얼굴은 그들이 이해하고 믿었던 예수의 모습을 반영한다.

천장을 올려다보면 기하학적으로 나뉘어져 있는 구도들이 상징적 의미로 우리에게 다가온다. 우선 중앙에 '원'이 있고, 그 원을 중심으로 '십자가'가 있다. 십자가는 당연히 기독교적인 상징이며, 원은 우주의 중심을 상징한다. 그리고 그 우주의 중심, 원 안에는 이 세상, 전 우주 속에서 가장 중요한 존재가 있다. 바로 '양을 어깨 위로 둘러업은 한 청년'이다.

얼핏 보기에 양을 둘러업고, 또 다른 두 마리의 양들에 둘러싸여 있는 이 인물은 그리스 로마 신화에 나오는 오르페우스처럼 보이기도 한다. 탁월한 시인이자 음악가로 리라를 연주하면 주위에 동물들이 몰려들었다는 그 인물 말이다. 하지만 그것은 로마사람들이 생각하는 방식이었다. 혹 이 그림을 로마인이 보았다 해도 기독교인을 보호할 수 있을 하나의 방편이 되었을지도 모른다. 하지만 오직 기독교인들 사이에서만 통했을 이 이미지의 비밀스럽고도 특별한 의미는 단연 기독 복음과 관련이 있다. 그리고 그 메시지는 성경의 이사야서 및 마태복음에 나오는 다음의 내용에 기인한다.

> "우리는 다 양 같아서 그릇 행하여 각기 제 길로 갔거늘 여호와께서는 우리 모두의 죄악을 그에게 담당시키셨도다." (이사야 53:6)

> "양 100마리를 가진 사람이 있는데 그 가운데 한 마리가 길을 잃었다고 하면 그가 99마리를 산에 두고 가서 길 잃은 양을 찾아다니지 않겠느냐? 내가 진실로 너희에게 말한다. 만약 그 양을 찾게 되면 그는 길 잃지 않은 99마리 양보다 오히려 그 한 마리 양 때문에 더욱 기뻐할 것이다." (마태 18:12-14)

'한 마리 길 잃은 양'의 비유는 오늘날에도 널리 회자되는 이야기로, 기독교 신자들에게 매우 익숙한 내용이다. 하지만 호주에서 일어난 한 사건에 대해 듣기 전까지 필자는 이것이 왜 굳이 '양'인지 잘 몰랐다. 2021년, 호주에서는 '길 잃은 양'이 우연히 발견된 해프닝이 있었는데, 이 양은 얼마나 오래 혼자서 헤매고 다녔는지 발견되었을 때 그 털이 감당할 수 없을 정도로 자라 양이 하나의 거대한 솜뭉치처럼 보였다고 한다. 거대해진 몸뚱아리로 뒤뚱뒤뚱 걷는 양의 불쌍한 모습에 마을 사람들은 서둘러 양을 데려와 털을 깎아주고, 또 바락(Baarack)이라는 이름도 붙여주었다. 반전은, 털을 깎은 후에 드러난 바락의 앙상한 몸에 있었다. 털에 뒤덮혀 있어 몸집이 부피 있고 좋은 것처럼 보였지만, 사실은 짊어지고 다닌 털의 무게만 35kg에 이르렀고, 이런 무게에 짓눌려 바락은 제대로 걷거나 앉지도 못했고, 또 털 때문에 시야가 가려 제대로 보지도, 먹지도 못했던 것이다. 혼자 떠돌아다니며 극심한 영양실조로 쇠약해진 상황이었다. 이처럼 양이란 스스로를 치명적인 위험에 빠뜨리면서도 혼자 힘으로는 스스로를 구할 수 없는 존재이다. 성경에 나오는 선한목자는 이런 제멋대로이고 한심한 양을 끝까지 포기하지 않고 찾아오고 돌본다. 그것도 99마리나 다른 양이 있는데도 한 마리 양이 길을 잃고 헤맬 때 자신의 목숨을 걸고 찾아서 구해주는 이가 선한 목자, 예수님이시다.

우리는 초기 기독교 미술에서 이 의미심장한 선한목자의 이미지가 반복적으로 등장함을 발견하게 된다. 그는 화면 속, '우주의 중심'에 서 있는 존재로, 우리가 현재 살펴보고 있는 <성 피에트로와 마르첼리노의 카타콤> 외에도, <프리실라 카타콤(Catacombs of Priscilla, 3c)>, <산 칼리스토 카타콤(Catacombs of San Callisto, 4c)>, 그리고 <선한목자 석관(Good Shepherd Sarcophagus)> 등, 여러 곳에서 발견된다. 이 그림들이 남겨졌던 위치가 주로 무덤이나 관, 다시 말해 '죽음'과 관련 있었다는 사실은, 이 세상과 이별하는 가장 마지막 시간, 마지막 장소에서 이들이 가진 희망이 '예수'였음을 보여준다. 이렇듯 카타콤의 공간은 구원에 대한 기도 및 내

〈선한 목자〉
프리실라 카타콤, 3c, 로마

세에 대한 소망으로 가득차 있다.

그렇다면 '선한목자' 이미지와 함께 그 주변으로 그려진 내용이 무엇이었는지도 중요할 것이다. <성 피에트로와 마르첼리노> 천장에는 '선한목자' 상을 중심으로 구간이 십자가 형태로 나뉘며 뻗어나간 4개의 반원이 있다. 이 중 하나는 많이 훼손되었지만, 나머지 3개의 반원을 채우고 있는 그림들은 제법 선명하게 알아볼 수 있다. 사람들이 배에서 무엇인가를 던지는 모습, 넝쿨 아래 기대어 쉬고 있는 인물, 그리고 물고기의 입에서 튀어나오고 있는 사람.... 그렇다, 이 특이한 장면들에서 우리가 보는 것은 요나의 이야기이다.

〈요나와 고래〉
〈성 피에트로와 마르첼리노의 카타콤〉 4c, 로마

우여곡절이 긴 스토리텔링인 만큼 요나의 이야기는 4개의 세부 장면으로 나뉘어 제시된다. 다시 말해, '선한목자' 이미지가 하나의 '단일 이미지'로 그 의미가 성립될 수 있었던 도상이었다면 '요나의 이야기'는 내러티브 형식으로 풀어서 마치 만화 이야기가 진행되듯이 여러 개의 장면이 사건이 일어난 순서대로 나열되며 전달된다. 우선, 요나 이야기가 전달하고자 하는 메시지의 핵심에 다가서기 위해 그 스토리를 생각해자.

구약성경에 포함된 요나서에 따르면, 선지자 요나는 하나님으로부터 니느웨로 가서 니느웨 백성들의 회개를 촉구하라는 명령을 받는다. 하지만 그 일이 하기 싫었던 요나는 니느웨로 가는 대신 다시스로 도망

가는 배를 탄다. 하지만 배는 폭풍우를 만나고, 이 재난이 신의 노여움 때문이라고 믿은 선원들이 제비뽑기로 그 원흉을 찾았을 때 요나가 뽑히고 만다. 요나는 '자신이 하나님의 명령을 거역하는 죄를 지었음'을 이실직고하고, 이에 선원들은 요나의 몸을 바다로 던졌으며 성난 바다는 다시 고요해졌다. 한편 바다에 던져진 요나는 고래에게 삼켜졌다. 사흘 간 고래 배 속에 있다가 고래가 요나를 해변가에 토해내었는데, 그제야 비로소 요나는 니느웨 백성들에게 가서 하나님의 메시지를 전하기 시작했다. 요나의 외침을 들은 니느웨 백성들은 회개하였고 이로써 멸망을 면하게 된다. 하지만 정작 요나는 이런 니느웨 사람들의 모습이 탐탁치 않았다. 벌 받아 마땅한 악인이 징벌되지 못했다는 사실에 오히려 불만을 가진 것이다. 무더운 날씨에 피곤하고 불만스런 심정이 된 요나는 박넝쿨 그늘에 들어가 잠시 쉬게 되었다. 그 그늘은 시원하고 편안하였다. 그런데 갑자기 벌레가 나타나 박넝쿨을 갉아먹어버렸다. 쉬고 있던 그늘이 없어져버리자 요나는 짜증이 나 화를 낸다. 그리고 바로 그 때 하늘에서 들린 하나님의 큰 음성은 이 장황한 이야기의 핵심이다. "네가 하룻밤에 말라버린 박넝쿨도 아꼈거늘 하물며 내가 십이만 니느웨 백성을 어떻게 아끼지 아니하겠느냐."

결국, 요나의 이야기의 핵심은 앞서 나온 선한목자의 이야기와 마찬가지로, 인간들의 무한한 부족함에도 불구하고 '끝까지' 인간을 사랑하시고 구원의 손길을 베푸시는 하나님의 신실하심이다. 심지어 하나님은 요리조리 내빼며 말을 듣지 않는 선지자 요나를 우여곡절 복잡한 단계들을 거쳐 이끌고 꾸짖고 가르치면서까지 니느웨의 죄 많은 백성들을 구원의 길로 인도하는 과업을 수행하신다. '요나'의 스토리 역시, '선한목자' 이미지와 더불어 초기 기독교 미술에서 반복적으로 등장하는 그림인데, <성 피에트로와 마르첼리노의 카타콤> 뿐만 아니라 <프리실라 카타콤(Catacomb of Priscilla)>, <노멘타나 카타콤(Catacomb of Nomentana)>, <아나포 카타콤(Catacomb of Anapo)> 등에서도 발견되어 이 이야기를 선택한 것이 우연이 아님을 명백히 한다. 적어도 이 이야기들의 선택 뒤에는 이 시대 사람들이 예수를 이해한 방식이 담겨있다.

이에, 선한목자 및 요나의 이야기는 그 주인공도 다르고, 줄거리도 다르지만, 의미상으로는 동의반복적인 성격을 가지며, 구원 및 내세의 소망에 집중되고 있는 초기 기독인들의 신앙을 반영하고 있다고 결론적으로 생각해 볼 수 있다. 누구나 맞는 죽음을 마주하며, 혹은 기독교를 믿는 것이 죽음의 위협을 불러오는 탄압 앞에서 이들은 예수에 대한 믿음이 내세로 자신들을 이끌 것임을 선언한다.

'선한 목자'와 '요나의 이야기'로 대표되는 카타콤 벽화들을 중심으로, 산발적으로 남아 있는 카타콤 벽화들에는 성경에서 발췌한 여러 장면들이 남아있다. 여기에는 마리아가 천사 가브리엘로부터 성령으로 잉태할 것이라는 소식을 듣는 장면, 동방박사들이 별을 따라 찾아와 마구간에 계신 예수에게 선물을 전하는 장면, 오병이어의 기적을 베푸시는 예수의 이미지 등이 포함된다. 수없이 많은 성경 장면들 중, 이 장면들이 선택된 이유가 무엇이었을지 생각해보면 이 이야기들이 대부분 논리와 상식으로 설명할 수 없는 기적적인 내용들에 관한 것이라는 데 생각이 미친다. 사실 무덤만큼 인간의 존재적인 한계를 느끼게 하는 공간이 또 어디에 있겠는가. 부정할 수 없는 죽음 앞에서 초기 기독교인들은 오직 '예수'를 통해 가능했었던 초인간적인 순간들, 인간적 한계를 넘어섰던 기적의 순간들을 기억했음을 생각해 볼 수 있다.

하지만 카타콤의 내부는 단순히 성경의 이야기만을 일러스트레이션하는 데서 그치지 않았다. 카타콤 벽화에는 신기하게도 '성경에 나오지 않는 이미지들'도 등장한다. 엄밀히 말해 이것은 성경 이야기라기보다는 초기 기독교인들 사이에서만 소통이 되던 비밀스런 기호에 관한 것이다. 이 이야기를 다음 장에서 이어가도록 하겠다.

02. 비밀스런 기호들 - 천상의 세계

초기 기독교 미술에서 발견되는 도상 중, 특이한 것이 있다. 앞서 언급한 <성 피에트로와 마르첼리노의 카타콤> 천장, 요나의 이야기가 그려진 4 개의 반원 사이 사이를 채우고 있는 4 명의 인물들이다. 하늘을 향해 두 팔을 들고 서 있는 이들은 찬양하거나 기도하는 포즈를 보여주는 것으로, '오란트(orant)'라고 불린다. 이 인물들은 하나님을 경외하는 모습을 표현하고 있는데, 이는 하늘을 향해 올린 손의 방향 뿐 아니라, 그들의 시선(눈동자의 검은자위) 또한 하늘을 향해 있어 그 의미가 더욱 분명해진다.

돌이켜보면 기독교 미술 이전에 이미 문화적 주도권을 가지고 기독문화를 압박하던 그리스·로마 미술이 있었다. 이 문명은 후일 기독교 문명과 더불어 인류문화사의 양대 산맥을 이룬 헬레니즘의 전통으로, 미술에서는 주로 인간 형태의 3D 조각상으로 오늘날까지 많이 남아있다. 그

〈오란트〉 프리실라 카타콤, 2c 말~4c, 로마

리스 미술이라고 하면 쉽게 떠올릴 수 있는 그 대리석 조각상들 말이다.

이런 조각상들이 자명적으로 드러내는 바, 그리스·로마 미술은 인간의 몸에 대한 지대한 관심을 표현한다. 인간의 몸이 해부학적으로 어떻게 생겼으며, 인체의 체중이 어떻게 실리는가를 사실적으로 표현하는데 많은 노력이 집결되어 있었다. 이런 문화의 배경에는 미술의 소재(subject matter)가 된 그리스·로마의 신들이 '신인동형'으로 이해되었다는 점이 고려되어야 할 것이다. 신을 표현하기 위해 인간의 형상을 빌어 왔던 것이다. 하지만 설사 '신인동형'이라 하더라도 이 신들은 이웃집

아저씨 같은 인간들이 물론 아니었다. 이들은 인간의 상위 존재로서, 인간보다 우월하며, 완전한 존재였다. 다시 말해, 뚱뚱한 신은 - 설사 포도주의 신, '박쿠스'라 할지라도 - 있을 수 없다. 적정 체중으로 표현되는 이 신들은 '기본적인 체중 관리'는 물론, 오늘날 '보디빌더 수준의 근력 운동'까지 완벽하게 마친 '몸짱'들로 나타난다. 거기다 다이어트나 근육운동으로는 컨트롤이 안 되는, 타고난 신체 비율마저 완벽하다. 조각가 폴

프락시텔레스 〈크니도스의 아프로디테〉와 〈창을 든 청년〉, BC 4c, 올림피아 고고미술관

리클라이트스(Polykleitos)가 그의 인물상에 반영한 1:7 비율은 프락시텔레스(Praxiteles)에 이르러 1:8 비율이 되며 더 길고 더 우아한 몸을 구축해내었다. 수학적인 비율로 신체에 적용되는 황금률을 찾아낸 셈이었다. 사실, 오늘날, 21세기 한국 문화에서까지 '미인의 조건'으로 칠등신, 팔등신의 개념이 회자된다면, 그리스·로마 문명이 인류문화사에 남긴 영향력이 얼마나 거대하고 지속적인 것이었는지 절감하게 된다. 몸에 적용되는 이상주의를 수학적으로 개념화하고, 이를 다시 시각화하고, 물질적으로 이미지화하여 제시하였다. 역사적으로 말하면 그리스·로마의 인체 조각상들은 그 방향으로는 '한번 끝장을 본' 미학의 결정체로 이후 역사를 거쳐 '고전'이라는 이름으로 세세토록 남았다.

이토록 미학적으로 집중된 시대였던 만큼, 조각상들은 개별적 신체 표현을 넘어 신화 이야기 속에서 등장하는 역할을 극대화하여 포즈들을 취하고 있다. 팔을 비틀거나, 얼굴을 찡그리기도 하고, 날아갈 듯 일부 발가락에만 체중을 실어 보다 역동적인 순간을 포착하기도 한다. 헬레니즘 말기에 이르면 조각가들은 인간이 취할 수 있는 포즈 중 조각해 내지 못할 포즈가 없었을 정도로 그 기교가 숙련되고 발전하였다. 당시의 조각은 당대 조각가의 탁월한 기술을 잘 보여주는 예로, 이제 이들은 실로 인체 표현을 마스터 하였으며, 이들이 표현할 수 없는 자세란 없다는 생각이 들게 한다.

그런데, 여기서 특이한 사항 한 가지를 발견한다. 그리스·로마 조각의 그 셀 수 없이 많은 다양한 포즈들 중 '양 팔을 하늘을 향해 들고 서 있는' 뻔하고 단순한 자세가 보이지 않는다는 것이다.

두 손을 들고 서 있는 자세가 너무 뻔하고 역동성이 없어서 로마인

조각가들에게 미학적 도전정신을 불러일으키지도 않았던 것일까? 이 자세는 쉽게 만들 수 있는 자세인데도 그리스·로마 조각에서 발견되지 않고, 기독교 미술에서는 집중적으로 나오는데, 이는 이 포즈가 '하나님을 높이고 찬양하는' 기독교적인 텍스트, 혹은 컨텍스트 안에서 중요했기 때문일 것이다.

기독미술가들의 '무게'에 대한 이해도 흥미로운데, 이것도 그리스·로마의 미술과 비교했을 때 무척 대조적이다. 그리스·로마인들은 사실적이면서도 이상화된 아름다움을 추구하면서 육체, 덩어리의 무게감, 중력의 효과에 관심을 기울였다. 이에 콘트라포스토(contrapposto, 무게 중심을 한 쪽 다리로 이동시켜 비스듬히 서는 포즈)나, 옷주름이 흐르는 형태, 혹은 체중이 어떻게 실리는가를 현실감 있게 표현하는데 집중하는 미술을 남겼다. 초기 기독미술은 내세의 구원에 관심을 두었기 때문에 지상의 일시적이고 헛된 대상을 재현하고자 하는 (그리스 로마적) 미술 경향은 이들에게 매력이 없었다. 신이나 운동선수의 이상화된 신체에 집중되던 그리스·로마 양식은 기독교의 궁극적인 구원의 메시지와 맞지 않았을뿐더러 이교도의 미술형식이었다. 기독교 미술은 '신체' 대신 '영혼'을 표현하고 세상의 물질보다는 구원에 대한 소망을 표현, 예수의 복음을 담아내고자 하는 의지에서 시작되었다. 땅의 이야기가 아니라, 하늘의 이야기가 더 중요했고, 영적인 세상이 더 중요했기 때문에 오히려 근육이나 체중이 없는 것 같은, '지상의 무게가 빠진' 인물들이 마치 공중에 떠 있듯이 가볍게 그려진 것을 볼 수 있다. 우리가 지금 보고 있는 오란트 이미지도 3차원적인 음영이 부각되지 않고, 마치 발이 허공에 떠 있는 듯 그려져, 물질감을 넘어선 영적인 성격에 의미를 담고 있음을 볼 수 있다.

〈오란트〉 프리실라 카타콤, 2c말-4c, 로마

두 손을 들고 찬양하는 인물의 모습은 홀로 서 있기도 하지만, 때로는 불길 속에서도 보이는데, 이는 다니엘 3장에 나오는 다니엘의 세 친구인 사드락, 메삭, 아벳느고가 금으로 만든 신상에 절하지 않았다는 이유로 풀무불에 던져지면서도 풀무불 안에서 하나님을 찬양했다는 이야기를 가리키고 있다. 오란트 포즈를 취하는 인물이 '사자'와 함께 그려진 경우에는 '사자 굴에 던져지면서도 하나님을 찬양한 다니엘'의 모습임을 유추할 수 있다. 그리고 <성 피에트로와 마르첼리노의 카타콤>에서도 볼 수 있듯이, 오란트 이미지가 그 어떤 스토리적 배경을 떠나서 단독으로 존재할 때는 성경적 내러티브를 넘어선 존재, 다시 말해 현실 공간에서 찬송을 드리는 당대 기독교인들의 모습을 표현하기도 하는 것이다. 이에, 감사하고 찬양하고 하나님을 높이는 제스처가 기독교적인 배경 속에서, 과거에는 존재하지 않았던 하나의 새로운 도상으로 등장하고 있는 것을 우리는 카타콤 벽화에서 본다.

오란트 포즈 외에도 초기 기독교인들 사이에서 통하던 비밀스런 기호들이 있다. 우리는 카타콤의 벽화에 특정 동물들이 그려져 있는 것을 볼 수 있는데, 특히 공작새, 비둘기, 물고기가 눈에 띈다. 비둘기는 평화의 상징으로, 때로는 월계수 잎을 물고 있는 경우도 발견되는데, 이는 그리스·로마적 언어의 영향을 받은 것으로 보인다. 기독교인들은 자신들의 기독교적 메시지는 전달하고 표현하는 방법에 있어서 기존의 그리스·

로마적 언어를 빌어다 쓰기도 했는데, 이 이야기는 3절 <왕 중 왕> 이야기를 하면서 더 많이 설명하도록 하겠다. 공작새는 기독교인들에 의해 '천상의 새'로 여겨졌는데, 이는 거의 '이 세상 것이 아닌' 것처럼 느껴지는 화려하고 환상적인 깃털 덕분이었다. 특히 공작새가 몸을 부르르 털면서 거대한 날개를 활짝 펼치기라도 하면 (그 순간을 떠올려볼 수 있는가?) 날개가 파르르 떨릴 때마다 깃털을 장식하고 있는 금속적인(metallic) 형광색 '눈'들이 마치 허공에 떠서 끊임없이 흔들리는 신비로운 정경이 연출되는데, 그 순간의 아연함은 마치 최면에라도 걸리듯 이성을 마비시키는 극적인 시각 경험에 비견될 만하다. 허공에 떠 있는 이 눈들은 부유하고 있기 때문에 신비로운 것이며, 앞서 언급했듯이 '중력에 묶이지 않는' 천상의 세계를 강조하는 기독 메시지의 성격상 잘 연결되는 부분이었다. 앞으로도 공작새가 있는 공간이 나오면 그곳은 기독교인들 사이에서 이 세상이 아니라 '천상의 공간'으로 소통되는 의미를 가지고 있었음을 기억할 만하다.

로마에 위치한 아우렐리우스의
지하성당 무덤에 그려진 공작새 이미지

초기 기독교 시절 탄생한 '비밀스런 암호'로 물고기 기호도 빼놓을 수 없다. 이 이미지는 오늘날까지 널리 유행하는 것으로 자동차 스티커 등의 형식으로 붙이고 다니는 차량들을 주변에서도 볼 수 있다. 물고기 기호는 그 단어적 유래에서 기독교적인 유래를 가진다. 그리스어로 '예

카릭스타스(Callixtus) 카타콤에 남아있는 물고기 이미지, 3c, 로마

수 그리스도는 하나님의 아들이시요 구세주이시다(Ἰησοῦς Χρῑστός Θεοῦ Υἱός Σωτήρ)라는 고백을 했을 때 각 단어의 머리글자들만 모아 조합하면 익투스(ἸΧΘΥΣ)라는 단어가 되었다. 그것이 공교롭게도 '물고기(ἸΧΘΥΣ)'라는 단어와 일치했던 것이다. 신앙이 발각되면 죽을 수도 있는 로마의 정치문화적 배경 속에서 '물고기'라는 말은 기독교인들 사이에서 기독교적 신앙고백을 압축한 비밀스런 의미로 통용되었다.

Ἰησοῦς	"Jesus" 예수	머리글자: Iota (발음: i)
Χρῑστός	"anointed" 그리스도	머리글자: Chi (발음: ch)
Θεοῦ	"of God" 하나님의	머리글자: Theta (발음: th)
Υἱός	"Son" 아들	머리글자: Ypsilon (발음: y or u)
Σωτήρ	"Savior" 구세주	머리글자: Sigma (발음: s)

지금까지 우리가 살펴보았던 것이 두 손을 든 사람, 비둘기, 공작, 혹은 물고기와 같이 '이미 세상에 존재하고 있는 대상'의 모습을 가진 상징들이었다면 이후에는 좀 더 고차원적이고 정교한 수준의 '추상적인 기호'가 탄생한다. 이는 콘스탄티누스의 기독교 공인과 관계가 있는데 이제 그 이야기로 넘어가 보도록 하겠다.

〈'추상적인 기호'로 업그레이드〉

지하 카타콤의 어두운 공간에 숨죽이며 있던 기독교 미술은 하나의 사건을 계기로 거대한 변화를 맞게 된다. 로마 제국적 권력의 핵심인 황제 장본인인 콘스탄티누스가 기독교인으로 개종하는 놀라운 사건이 발생한 것이다. 콘스탄티누스는 알프스를 넘어 이탈리아로 진격하면서 막센티우스 군을 대적해야 했는데 유명한 밀비우스 다리 전투에서 그 전날 꿈의 지시대로 꿈에서 본 십자가를 앞세우고 진격하여 큰 승리를 거두었다. 이 승리를 계기로 콘스탄티누스는 당대 최강의 권력을 가지게 되었으며, 313년 밀라노 칙령으로 기독교에 대한 관용을 선포하여 기독교에 대한 박해를 끝내고 기독교를 로마의 정식 종교로 공인하였다. 기독교의 공인은 기독교에 대한 사회적인 인식의 변화를 가져왔을 뿐 아니라, 기독미술에 있어서도 어마어마한 변화를 가져왔다. 이는 기독미술이 단순히 허락되고 용인된다는 차원을 넘어 자그마치 황제의 지원을 받는 미술로 그 규모가 거대해지고, 성격도 화려해졌기 때문이다.

우선 콘스탄티누스 대제가 꿈에서 보았고 싸울 때 앞세웠다는 그 십자 기호가 어떻게 생겼는지 궁금하지 않은가? 카이로 십자가라고 불리기도 하는 이 기호는 그리스도(ΧΡΙΣΤΟΣ)라는 그리스 단어의 첫 두 글자인 카이(X)와 로(P)가 겹쳐진 형태로 이루어져 있다.

카이로 십자가. 석관의 일부, n.d.
바티칸뮤지엄 소장

카이로 십자가가 조각의 형태로 발견되는 많은 예가 있지만 그 중 가

예수가 부활하여 육체가 없는 자리에 심볼로 대치했다.
예수의 존재를 심볼로 암시하면서 생각할 여지를 남긴 것이다.
〈라바룸 석관〉 바티칸미술관, c.340-350, 로마

장 우아한 예로 거론될 만한 것이 있다. 바티칸 미술관에 소장되어 있는 <라바룸 석관>(c. 350)이다. 죽은 이의 육신을 담던 이 석관의 외부에는 예수의 십자가 처형으로 이어지는 부조가 새겨져 있는데, 좌로부터 십자가를 대신 진 시몬, 가시면류관을 쓰시는 예수, 라바룸 십자가 아래서 졸고 있는 두 로마 군인들의 모습, 빌라도 앞에 선 예수, 그리고 손 씻는 빌라도의 모습, 총 5개의 장면을 담은 내러티브 배열을 볼 수 있다. 여기서 이미지의 하이라이트는 단연 중앙에 있는 패널이다. (항상 좌우대칭 구도에서는 제일 가운데, 중심에 있는 것이 가장 중요한 의미를 지닌다.) 이 중앙의 구획은 승리를 의미하는 '아치' 아래 십자가가 있고, 그 아래를 피곤한 듯 졸면서 지키고 있는 로마 병사들이 있다. 상식적으로 생각할 때 십자가에는 처형된 예수의 몸이 달려 있어야 했다. 하지만 그 자리에 예수의 몸은 보이지 않고, 예수의 몸이 달려 있어야 했을 자리에는 라바룸 기호가 있다. 이는 예수가 부활했으며, 예수의 육체가 없는 자리에 여전히 예수는 남아 있음을 보여준다. 다시 말해, 예수가 있으면서 없고, 없

으면서 있다는 복잡하고 어려운 개념을 초기 기독교 조각가는 추상적인 기호를 사용함으로써 전달하고 있는 것이다.

이와 더불어 초기 로마 귀족들의 지원을 받아 지어진 건물의 모자이크를 통해서도 우리는 이런 기호체계가 더 정교히 발전하고 있음을 보게 된다. 라벤나에 남아있는 <갈라 플라시디아의 영묘>도 그런 예 중 하나일 것이다. 이 작은 교회는 4세기 말, 나이 어린 황제의 어머니였던 갈라 플라시디아가 막강한 권력으로 섭정하던 당시, 라벤나에 자신의 개인 예배당으로 지은 건물이다. 유럽에서 가장 황홀하고 아름다운 교회로 불리는 장소로, 단순하고 엄격해보이는 외양과는 달리, 건물에 들어서는 순간 천장부터 벽면을 가득 채우고 있는 화려한 모자이크의 휘황찬란함에 놀라게 된다.

반짝이는 유리조각들을 사용하여 만든 이 모자이크들은 황금색과 코발트 블루 등, 오늘날까지도 화려하게 빛나는 선명한 색깔로 눈부시며, 불투명한 대리석 조각을 주로 바닥에 납작하게 붙이던 로마시대 모자이크와 대조된다. 로마시대에는 자연석이 가지는 색상의 제한이 있었지만 이 모자이크 조각들은 유리에 철이나 망간, 구리 등을 녹여 밝고 화려한 색깔을 냈고, 이 색상들이 유리에 갇혀 보존 차원에서 최고인 미술작품들로 남았다. 흥미롭게도 기독교 미술인들은 모자이크 조각들을 벽에 붙이면서 로마 미술가들처럼 바닥이나 벽에 납작하고 고르게 붙이지 않고, 의도적으로 그 각도를 삐딱하게 만들었다. 사람이 움직일 때마다 빛이 다르게 반사되며 반짝거리는 효과를 극대화 하며 기독 신앙의 천상적이고 비물질적인 경험을 극대화한 것이다. 모자이크 디자인의 깊이가 없는 평면적인 배경은 그 위에 새겨진 기호 이미지들을 더욱 돋보

화려한 색상의 유리 모자이크가 로마시대 자연석 모자이크와 비교된다.
모자이크(세부), 갈라 플라시디아의 영묘, 425-50, 라벤나

천장 모자이크(세부), 갈라 플라디시아의 영묘, 425-50, 라벤나

이게 하는데 제단의 천장을 올려다보면 황금색으로 빛나는 십자가가 수많은 별들에 둘러싸여있고 4개의 귀퉁이를 자리하고 있는 4개의 흥미로운 생물체들이 보인다. 이들은 인간, 사자, 소, 독수리의 형태이다. 이것을 만든 미술가의 의도를 여러 세기가 지난 지금, 우리가 정확히 알 수는 없겠지만, 많은 학자들이 이를 마태(인간), 마가(사자), 누가(소), 요한(독수리)라고 풀이한다. 여기에는 마태가 인간으로서의 예수를 설명하였다거나, 마가가 사자처럼 울부짖었다고, 혹은 누가가 소처럼 제물로 바쳐졌거나 요한이 네 사도 중 가장 빼어나기 때문이라는 이유들이 따라온다. 혹자는 계시록 12장의 네 생물을 언급한다. 우리가 말할 수 있는 것은 결국 심볼은 의미를 다 말할 수 없는 것들을 담아내는 도구로, 보다 높은 세계의 언어를 이야기하고 있다는 것이다.

이에, 성경 속의 이야기들과는 별개로, 기독미술 속에는 '오란트', '물고기', '카이로 십자가', 그 외 '독수리' '소' '인간' '사자' 등과 같이 그 나름의 의미로 만들어져 가는 언어들이 조금씩 새로 생성되고 있음을 우리는 알 수 있다. 이후 중세와 르네상스를 거쳐 이런 상징적 의미들은 다양한 지물 및 색깔 등으로 방대하게 적용되며 점차 정교해졌다. 대야는 정결케 하는 의미를 상징하고, 파란색 가운을 입은 여자는 마리아라는 식이다. 이런 의미들은 특히 르네상스 시대에 이르러 동시대, 혹은 일상의 영역이 종교화의 소재로 등장하면서 지역적 특성을 반영하기도 한다. 상징적인 의미들이 방대하게 적용되었지만, 동시에 유구한 역사적 흐름 속에서 이들이 점차 잊혀지자 20세기에 와서는 각 도상에 담긴 상징적인, 혹은 기호적인 의미를 다시 찾아내고 풀고자 하는 '도상학(iconography)'이라는 학문 분야가 파노프스키(Erwin Panofsky)라는 미술사학자에 의해 만들어지고 연구되었음을 볼 수 있다. 오늘날에는 기독교 내 상징적 의미만을 다룬 사전들이 발간되어 있을 만큼 그 영역은 하나의 지식체계를 이루었다. 모든 것이 주어진 문화적 조건과 인간적 한계 속에서 인간의 상상을 넘어서는 하나님을 이해하고자 하는 인간의 열망을 반영한다고 하겠다.

한편 제국적 지원을 받게 된 기독교 미술의 미래에는 또 다른 이슈가 거대한 스케일로 펼쳐진다. 익히 예상할 수 있겠지만, (세속적인 단어를 사용하자면) '종교'와 '정치'의 결합이 시작되었기 때문이다. 막강한 정치적 권력과 결합된 기독미술이 어떤 길을 걷게 될지, 그 이야기를 다음 장에서 다루도록 하겠다.

03. '왕 중 왕' – 자주색 토가의 예수

313년 콘스탄티누스 황제의 기독교 공인은 거대한 문화적 기후 변동을 가져왔다. 핍박받던 일개 소수 종교집단이던 기독교가 로마 제국이 후원하는 공식적인 종교로 부상하면서 기독교는 이후 황제의 막강한 지원을 받으며 화려한 미술 문화를 꽃피우게 된다. 기독교의 확산이라는 시각에서 볼 때, 그리고 문화적 성취라는 차원에서 볼 때 그 속에 담긴 의미들이 있을 것이다. 우리가 여기서 살펴보고자 하는 것은 그 시대, 그 사람들이 이해한 예수님, 혹은 기독교적인 메시지가 미술에는 어떻게 나타났는지에 대한 것이다. 일단 황제의 후원을 받게 된 이후, 미술가들의 입장에서 고심해야 했던 새로운 개념이 하나 있었다. 이는 예수가 '왕 중

〈빵과 물고기의 기적〉 산 아폴리나레 누오보, 504년 경, 라벤나

왕'이라는 개념의 표현이었다.

우선 황제의 지원을 받으면서 지어진 많은 예배당들이 화려한 모자이크로 장식되어 성경에서 추출된 이야기들을 담아내었다. 이 중에는 라벤나의 산 아폴리나르 누오보(St. Apollinaire Nuovo, Ravenna)에 남아 있는, '오병이어의 기적을 베푸시는 예수님'의 모습도 있다. 여기서 예수님은 화면의 중심에 정면, 부동의 자세로 서서 위풍당당한 모습으로 기적의 순간을 주재하고 계신다. 그의 머리에는 후광이 둘러 있으며 그의 양 옆으로 제자들이 서 있다. 예수는 화면 속 인물들 중 가장 키가 크다. 배경은 황금색 배경으로 2차원적인 추상적 공간임을 알 수 있으며 빵과 물고기 이미지로 예수가 베푸시는 기적의 이야기를 아직 성경을 읽을 수

자주색 토가를 입은 예수님의 모습이 반복적으로 발견된다. 당시 자주색은 황제만 입을 수 있는 색깔로, 예수의 왕 되심을 의미한다. 샤를마뉴 대제의 시신을 감쌌던 수의 역시 보라색과 황금색을 섞어서 짠 고급 실크였다.

없는 많은 이들에게 이 그림이 전달하고 있음을 알 수 있다.

여기서 우리가 흥미롭게 보게 되는 것은 예수님이 입은 옷으로, 그는 로마식으로 만든 긴 보라색 토가에 황금빛 띠를 두르고 계신다. 사실 이 모자이크뿐만 아니라 다른 많은 이미지들에서도 예수님은 자주색 토가를 입고 있는 모습으로 반복하여 등장하는데, 자주색 토가에는 특별한 의미가 있었다. 고대에 자주색(Tyrian purple)은 매우 값비싼 염료였다. 지중해 지역 특정 조개(Bolinus brandaris)에서 유래한 이 염료는 껍질을 삶아 얻어졌는데, 조개 하나에서 정말 적은 양이 나왔기 때문에 옷감을 풍성하고 화려하고 고운 자주색으로 짙게 염색하려면 정말 많은 양의 조개가 필요했음은 물론, 여러 차례 반복해서 염색해야 했다. 해당 조개가 귀한데다가 노동집약적인 힘든 염색과정으로 인해 이 옷감은 매우 적은 양이 생산되었고, 금값보다 더 비쌌으며 부와 권력의 상징이었다. 자주색으로 옷을 입는다는 것은 오늘날의 언어로 말하자면 황금으로 온 몸을 두른다는 것과 같은 의미였다. 자주색 가운은 로마 황제들이 즐겨입는 색깔이기도 했는데, 이는 권력욕이 많은 일부 황제들에 이르러 보다 정치적인 의미를 띄게 되고, 급기야 황제 외 자주색으로 옷 입는 것이 로마에서는 불법으로 간주되기도 했다.

이런 정치 사회적 배경 속에서 우리가 발견하는 것이 '자주색 토가를 입은 예수'이다. '왕 중 왕'이신 예수를 표현하는 방편으로 미술가들은 로마의 황제가 입는 옷을 예수에게 입힘으로써 그의 '왕 되심'을 표현했던 것이다. 예수의 양 옆에서 물고기와 보리떡을 들고 있는 4명의 제자도 마치 왕에게 시중을 드는 순종적인 '신하들'처럼 배치되어있다. <갈라 플라시디아>에 남아있는 예수는 전원에서 여러 마리의 양을 주변에 두고, 십자가를 들고 앉아있는 선한 목자의 모습으로 앉아있는데, 여기서의 예수는 목자로 제시되고 있으면서도 황금빛 옷에 자주색 띠를 두르고 있는 모습이다. 결국 미술가들이 아는 최고의 왕은 로마 황제였으니 '왕 중 왕' 이라는 성경의 표현을 지극히 로마적인 방식으로밖에 표현할 수 없었던 것을 볼 수 있다.

'왕'을 표현하는 방식도 그러하지만 '천상'을 표현하는 방식 역시 로마적인 언어에서 빌어오는 성격이 있다. 호지오스 조르쥐 성당(Church of Hosios Georgios)의 모자이크는 황금빛으로 빛나는 배경을 뒤로 하고 오란트들이 두 손을 들고 찬양하는 가운데 담 위 높은 곳에는 공작새들도 앉아있어 이곳이 영원하고 아름다운 천국임을 말해준다. 여기서도 우리는 시각적 전례가 없는 '기독교적인 천국'의 도상을 처음 구축함에 있어서 초기 기독교 미술가들이 고민한 흔적을 읽을 수 있다. 그들의 해결책은 여기서도 그들이 아는 가장 멋있고 아름답고 근사한 건축물, 다시 말해 로마 건축의 언어를 빌어오는 것이었다. 로마식 아치(arch)와 도

〈천상의 궁전〉 호지우스 조르지오, 5c, 그리스 데살로니카

움(dome), 페디먼트(pediment)와 고린도식 기둥(Corinthian column)을 통해 최고로 아름다운 천상의 건물을 표현하고자 하였다. 언어의 부족함, 혹은 상상력의 한계였다고 볼 수도 있을 것이다.

하지만 이들도 물론 알고 있었던 듯 하다. 이 로마 건축물들이 이교도 신전의 모습이라는 것 말이다. 이에 이들은 기본적으로 로마의 언어와는 다른, 도상학적인 차별화 역시 염두에 둔 듯한데, 이는 이 건물들이 황금에 보석으로 치장되어 있는 비-로마적인 디테일에서도 볼 수 있지만, 또 다른 측면에서 이들이 택한 '중력거부'의 특성에서도 발견할 수 있다. 로마적인 건축물의 육중한 성격으로부터 '무게', 혹은 '볼륨'이라는 요소를 빼 버림으로써 기독교의 '비물질적인 특성'이나 '정신적인 특성'을 드러내려 한 것이다. 전혀 이 세상의 무게로부터 자유로와서 스크린처럼 납작하게 펼쳐져있는 이 건축물들과 옷자락 아래 있는 몸의 볼륨이 전혀 읽히지 않아 '날아갈 듯 가벼운' 인물들은 건축물의 도상학적인 뿌리가 로마 미술에 있음에도 불구하고, 로마와는 구별되는 새로운 세계, 즉, 정신적이고, 비물질적인 기독교사상을 표현하는 데 성공적인 역할을 수행하고 있다.

한편, 359년 경에 제작된 유니우스 밧수스의 석관(Sarcaphagus of Junius Bassus)은 이런 의미에서 '왕 중 왕'의 기호를 단순한 색깔 심볼리즘을 넘어서서 예수를 왕좌에 앉히고, 발아래 우주를 밟은 '심판자 예수'의 모습으로 부각시킨다. 양을 치거나, 기적을 베풀어 양식을 주는 친절한 예수가 아니라, 문자 그대로 '왕 중 왕'으로서 왕 같은 권력으로 통치하는 모습을 보여주는 것이다.

그림에서 볼 수 있듯이 유니어스 밧수스 석관은 일단 매우 잘 만들

유니우스 밧수스 석관, 359, 성 베드로 성당

〈왕이신 예수〉
유니우스 밧수스 석관 세부

어진 것이 한눈에 보이는데 이것은 로마 미술에도 정통한 장인 조각가의 작품인 것을 알 수 있다. 미술언어는 로마적이지만 내용은 기독교적 내용을 부조로 담고 있는데, 여기서 작가는 상하 10개의 독립 공간을 만들어 아브라함, 바울, 바울과 베드로와 함께한 예수, 빌라도, 손씻는 빌라도, 욥, 아듬과 이브, 예루살렘 입성과 삭게오, 사자굴 속의 다니엘, 바울의 순교로 이어지는 장면들을 담고 있음을 볼 수 있다. 구획화된 각 칸들은 로마식 기둥 및 페디먼트(삼각 지붕)이나 아치로 장식되어 질서를 확보한다. 여기서 하이라이트는 단연, 윗 칸 중앙에 배치된 예수의 모습이다.

여기서 예수는 로마식 토가를 입고 '로마 문화권에서 황제가 앉아있을 법한 포즈'로 보좌 위에 앉아있는 젊은 예수이다. 예수는 그 양쪽에 바울과 베드로를 신하처럼 거느리고, 그 발 아래는 의인화된 우주를 딛고 앉아있는 권위 있고 힘 있는 존재로 등장한다. 여기서 의인화된 존재는 펼쳐진 천을 머리 위에 잡고 있는 이교도인이다. 겸손한 이웃집 청년 같던 선한 목자가 어느 순간 세상을 지배하는 황제의 모습으로 바뀌어 제시되고 있음이 사뭇 의미심장하다. 313년 밀라노 칙령이 공포되면서 예수라는 인물도 훨씬 권력이 있는 존재로 표현되고 이에 따라 '우주의 주인이신 예수'라는 새로운 도상이 만들어지고 있는 것을 보게 된다.

Art Church Bible

II

천국과 지옥

01 신성한 권력 -예수의 '최측근'

02 체계화되는 '하나님의 나라' -로마네스크 조직도

03 <최후의 심판도> -미리 보는 지옥

II.
천국과 지옥

01. 신성한 권력 – 예수의 '최측근'

서로마가 서서히 몰락함에 따라 로마의 수도는 현재 튀르키예 지역인 동로마로 이전하였다, 동로마 제국에서 꽃피워진 비잔틴 문명에서 유스티니아누스 황제가 라벤나의 산 비탈레(San Vitale) 성당에 남긴 모자이크 작품들은 당대 예술의 정점이라 할 만하다. 모자이크의 화려함은 차치하고라도 우선, 세상 권력의 꼭대기에 있었던 로마 황제가 '우주의 주인' 앞에서 어떤 자세를 취했는지 궁금하지 않은가?

산 비탈레 성당을 들어가 가장 안쪽 제단 앞까지 걸어 들어가면 우리가 오늘 살펴보고자 하는 모자이크들이 있다. 제단을 앞에 두고 위로 올려다보면 저 위에 예수의 모습이 있다. 황금색 배경에 공작새들이 있는 곳이니 이곳은 천상의 세계이다. 젊고 멋진 예수님은 황제가 입는 자주색 토가를 입고서 화면의 중앙에 위풍당당하게 앉아있는데, 머리에는 진주빛 구슬 문양으로 치장된 화려한 후광을 두르고, 발 아래 둥근 우주가 놓여있어 우주의 주인이심을 보여주고 있다. 왼손에는 두루마리를 들

〈비탈레 성자에게 상을 주는 예수〉
산 비탈레 성당, 라벤나, 526~547

〈유스티니아누스 황제 모자이크〉
산 비탈레 성당, 547, 라벤나

〈테오도라 황후 모자이크〉
산 비탈레 성당, 547, 라벤나

고 있고, 오른손은 팔을 뻗어 보석으로 치장된 왕관을 가장자리에 서 있는 사람에게 수여하고 있는데, 아름다운 상 받는 주인공은 이 성당이 헌정된 비탈레 성자이다. 그의 머리 위에 적힌 글씨 'SasVitalis' 통해 우리는 이 사람이 비탈레 성자임을 확인할 수 있다. 시중 드는 천사가 마치 '수고했어'라고 말하듯이 그를 돌아보며 그의 어깨에 손을 얹고 있다. 한편, 반대쪽 끝에는 조그만 모형 교회를 손에 든 이가 보이는데 이 사람의 머리 위에도 이 사람이 누군지 알려주는 글씨가 적혀있다. 이 사람은 산 비탈레 성전 건물을 착공한 에클리시우스 대주교로 교회를 지어 예수께 바치고 있는 장면을 보여준다. 산 비탈레 교회 안에 산 비탈레 성당을 바치고 있는 대주교의 모습을 모자이크 장식으로 넣은 셈이다. 여기서 화면의 하이라이트인 예수님은 좌우로 천사들을 대동하고 '잘했다 칭찬하시는 예수님'으로 이 교회의 건립과정에 참여한 사람들과 함께 제시되고 있다.

그런데 정작 이 모자이크에서 더 흥미로운 부분은 그 아래에서부터 시작된다고 해도 과언이 아닐 것 같다. 예수님 모자이크의 아래쪽으로 다시 큰 모자이크 패널이 2개 있는데, 여기서 예수 모자이크의 오른쪽 아래에 있는 것은 이 건축물을 후했던 유스티니아누스 황제를 담고 있고, 그 반대쪽에는 그의 부인인 테오도라 황후의 모습을 담고 있다.

유스티니아누스 황제의 모습을 보면 좌우로 신하들을 거느리고 화면의 가운데 서 있다. 황제답게 자주색 토가를 입고 있으며, 죽은 사람에게만 그릴 수 있는 '둥근' 후광을 쓰고 있음으로써 성인으로 제시되고 있음을 볼 수 있다. 보통 살아있는 후원자들은 네모난 후광으로 표현해야 하는데 유스티니아누스 황제는 둥근 후광을 통해 자신을 죽은 성자의 반

열에 넣음으로써 자신을 성화하고 있음을 볼 수 있다. 유스티니아누스 황제를 중심으로 황제의 오른쪽으로는 군인, 왼쪽으로는 종교인들이 호위하고 있는데, 이는 그가 군대와 종교를 모두 장악하고 있는 실세임을 보여준다. 군인들은 라바룸 십자가가 새겨진 방패를 들고 있음으로써 유스티니아누스 황제가 콘스탄티누스 대제의 합법한 후계자임을 강조하고 있다. 황제 왼쪽의 종교인들은 황금과 보석으로 화려하게 치장된 십자가, 성경책, 향료를 들고 있으며, 종교의식을 거행하고 있음을 보여주는데 여기서 십자가를 들고 있는 이는 당시 주교인 막시미아누스라고 글씨가 적혀 있다. 화면의 중앙에서 가장 돋보이는 유스티니아누스 황제는 보석 브로치를 꽂고 화려하게 치장된 모습으로 성찬에 필요한 빵을 들고 있다.

한편 그 반대쪽 공간에는 황후 테오도라의 모습이 보인다. 황제와 같이 화려하게 치장하고 있으며 머리 뒤에는 둥근 후광을 하고 시녀들을 거느리고 있는데, 화면의 구석에는 생명의 샘으로 보이는 조그만 분수가 있고, 그녀의 옷에는 예수의 탄생을 경배하는 3명의 동방박사가 자수로 장식되어 있다. 여기서 테오도라는 커다란 포도주잔을 들고 있음으로써 그녀의 남편과 더불어 성찬식을 돕고 있음을 보여준다.

얼마나 신앙이 돈독한 황제인가! 이렇게 아름답게 지어진 경이로운 건물을 후원하고 지은 것도 모자라 직접 빵과 포도주로 예수를 기억하는 그는 실로 하나님의 사람이 아닐 수 없다. 하지만 이런 천사의 얼굴 뒤에서 경각심을 가지게 하는 다른 의미도 있다. 과거의 예수 이미지와 비교하여 성경에 없는 내용으로 여기서 무엇이 달라졌는가? 과거에 예수님은 선한목자로 양들과 함께, 혹은 베드로나 바울과 같은 성경 속 제자들과 함께 있었다. 하지만 이제는 살아있는 인물들이 그 주위에 서면서 '예수의 측근이 누구인지'를 보여준다. 다시 말해 예수의 우편에는 유스티니아누스 황제가, 예수의 좌측에는 테오도라 황후가 자리하고 있는 것이다.

여기서 우리는 마태복음 20장에 등장하는 세베대 아들의 어머니가 예수께 자신의 두 아들을 데려와 예수께 절하며 구하던 내용을 기억한다. 예수께서 그녀에게 무엇을 원하는지 물으셨을 때 그녀는 자신의 두 아들을 주의 나라에서 '하나는 예수의 우편'에, 하나는 '예수의 좌편에' 앉게 해 달라고 말했다. 이에 예수께서는 그녀가 구하는 것이 무엇인지 그녀가 알지 못한다고 하시며 제자들에게 하나님의 나라는 세상의 권력과 다르며, 으뜸이 되고자 하는 자는 너희의 종이 될 것이라 말씀하신다. 사실 '왕 중 왕'이라는 표현은 예수 자신이 자신을 일컬어 하신 말씀이 아니었다. 하지만 그를 진정한 왕으로 따르고 믿었던 사람들조차도 그의 왕권에 대해 깊이 오해하고 있었음을 우리는 알 수 있다.

예수 모자이크의 좌우에서 성찬식을 몸소 돕고 있는 황제 부부의 모습은 신앙심이 깊은, 존경할 만한 모습이기도 하지만, 다른 한편으로는 자신들이 예수의 최측근임을 보임으로써 그 우주적인 권력의 핵심이자 실세로 자신을 제시하고 있다는 복선이 있다. 다시말해 이들은 '자신들의 왕권이 하나님으로부터 부여받은 신성한 것'임을 공식화하며 세상에 공포하고 있다. 카이로 십자가를 모자이크의 일부로 박아넣음으로써 자신을 콘스탄티누스 대제의 적법한 후계자로 강조하여 그 정치적 입지를 강화하고, 둥근 후광을 자신의 머리 뒤에 두르고 스스로를 신성화한다.

터키 지역을 중심으로 오늘날까지도 남아있는 비잔틴의 유물들은 황금, 보석, 상아 등 값비싼 재료들로 정교하게 만들어진 기독문화의 유산을 보여준다. 역사상 유래없이 화려하고 아름다운 물건들로 인류 문화사에 빼놓을 수 없는 위대한 업적이자 경이로운 유산이다. 당대 가장 재능있는 공예가들이 정성을 다해 만든 정교하고 예술적인 물건들이 성경책 커버, 십자가 등의 모습으로 남아 있는데, 직접 보면 눈을 뗄 수 없을 만큼 비현실적이고 아름답다. 하나님이 모든 것의 소유자이시자 최고의 예술가이실진대 귀한 재료로 정성을 다해 만든 물건 자체가 무엇이 문제이랴. 모든 일의 가치나 의미가 항상 동일한 것은 아니어서 값진 향유로 예수님의 발을 자신의 머리카락으로 닦은 여인도 있다. 이런 의미에서 비잔틴이라는 시기는 소위 신앙적으로 '잘나가고 있다'고 생각하는 순간 자칫 빠지기 쉬운 유혹들에 대해서도 생각하게 한다. 신앙이라고 착각하고 자신을 중심에 두며, 스스로를 '예수의 측근'으로 제시하는 개인, 황

화려하게 장식된 비잔틴 시대의 십자가와 성경 표지.
〈린다우 복음서 커버〉 9c, 뉴욕 모르간 도서관

제, 교회의 빠지기 쉬운 함정들이, 역사적으로는 급기야 종교개혁으로까지 이어진 것을 볼 수 있다. 어떤 의미에서 우리는 모두 그런 자기도취의 유혹에 빠진 적이 있다.

02. 체계화 되는 '하나님의 나라' - 로마네스크 조직도

앞서 황제의 권력으로 지원되는 기독교 미술이 비잔틴 시대에 접어들면서 가지게 된 성격을 살펴보았다. 세속적 권력이 영적인 위상과 오버랩 되며 만들어내는 시각 언어는 우리가 산 비탈레에서 볼 수 있듯이 하나님 나라를 세상의 언어로 해석하거나, 세상의 언어로 하나님 나라를 표현한다. 우주의 주인이신 예수를 황제가 입는 자주색 토가를 입은 모습으로 표현하고, 교회 내부를 황금빛 유리를 사용한 모자이크로 화려하게 치장한다. 황제가 지어 바치는 성전은 하기아 소피아(Hagia Sophia)처럼 사상 유래없이 거대한 규모로 지어지기도 한다. 이와 더불어 또 한 가지 흥미로운 점은 하나님 나라에 대한 내용도 마치 정치적 조직처럼 체계화되고 정리되어 제시된다는 것이다.

중세 말 모자이크

이미 11세기경부터 우리는 하나님 나라의 조직 체계도를 그리려는 시도가 있는 것을 발견한다.[02] 미완성으로 보이는 이 세밀화 스케치에서

---

02 이 단락의 내용은 다음의 졸고에서 보다 자세한 레퍼런스들을 찾아볼 수 있다. 신채기,

〈천국과 지옥〉,
뉴 민스터의 리버 비테, 1020, 대영도서관

우리는 미술가가 천국과 지옥을 좌우 구간으로 나누고, 화면을 다시 상중하로 나누어 각 존재에게 그들의 영적인 위치에 상응하는 화면상의 위치를 부여하려고 한 것을 본다. 예컨대 이 화면의 상단에는 베드로일 법한 인물이 천국문을 열쇠로 열고 있는데 여기서 천국은 커다란 성처럼 담으로 둘러싸여 있어 아무나 들어갈 수 없는 공간이다. 천국의 안쪽에 만돌라 속의 예수가 보이는데 그는 쉽게 다가설 수 없는 존재로 지상의 존재들과는 구별되는 자리에 멀리감치 물러나 있어 과거에 우리와 가까웠던 예수의 존재가 그리워지게 한다. 그 아래 칸에는 생명책을 든 천사들이 어느 후보자의 천국 입실 여부를 결정하고 있는 듯하며 제일 아래 칸에서는 천사가 지옥의 입구를 자물쇠로 잠그고 있다. 여기서 우리는 생명책을 예수가 더 이상 들고 있지 않다는 사실을 주목해야 할 것이다. 이제 예수는 이 일을 직접 수행하고 있지 않으며, 우리로부터 너무 먼 곳에 있고, 인간 영혼과의 대면은 사무적으로 이 업무를 대행하고 있는 천사에게로 넘어간 것이다. 지옥은

미술사를 통해 본 '최후의 심판' 도상 연구 Ⅰ-초기 기독교에서 고딕 미술까지-, 〈신앙과 학문〉 21(2), 149-175.

갇힌 사람들이 혼란스럽게 부딪히는 '혼돈의 세계'인 것도 보이기 시작한다.

미흡해 보이던 이 그림이 하나의 도표로 완성되는 것은 12세기에 이르러서이다. 이런 의미에서 토르첼로(Torcello)에 있는 거대한 모자이크는 '최후의 심판도'를 온전히 개관하고 있는 대표적인 예가 될 것이다.

〈최후의 심판〉 모자이크, 산타 마리아 아준타, 12c, 이탈리아 토르첼로

맨 위 단은 그리스도의 지옥 정벌 그림으로 세례요한이 예언한 대로 그리스도가 아담, 이브, 다윗, 솔로몬의 영혼을 풀어주기 위해 지옥으로 내려가는 장면이다. 다음 단은 재림의 모습이다. 예수의 양 옆에서 성모 마리아와 세례자 요한이 '후광' 속의 예수를 가리키며 서 있는데, 이 두 사람은 디이시스 그룹으로, '심판자 예수'와 '심판 받을 영혼' 사이에서 구원을 위한 기도와 중보의 역할을 하며, 기도의 힘과 희망을 상기시킨다. 이 때 마리아는 예수 탄생 이후에 태어난 사람들에 대한 구원에 대한 중재자이며, 세례요한은 예수 탄생 이전에 태어난 사람들에 대한 구원의 중재자로 기능함으로써 역사적인 시간 속에서 모든 인간을 대변해 주는 변호인들이 된다. 두 사람의 양 옆으로 이미 하늘에 올라간 예수의 12 제자들이 동석하고 있으며, 이들은 마치 세속의 법정을 상기시키듯이 둘러앉아 배심원 역할을 하는데, 이들 모두가 한 권씩 들고 있는 책은 성서이다. 다음 단 중간은 그리스도가 수난 당할 때 쓰이던 도구들과, 성경과 함께 표현된 옥좌의 모습이 보이고, 천사들이 마지막 시간임을 알리는 나팔을 부는 모습, 그리고, 양쪽에서 땅과 바다의 피조물들이 죽은 몸들이 부활할 수 있도록 넘겨주고 있는 모습이 보인다. 그 단 아래에는 문 바로 위에서 천사가 저울을 들고 있고, 마귀들이 여럿 달려들어 저울을 누르고 있으며, 마리아와 세례요한은 다시 자비를 구하고 있다. 그 아랫단에서, 화면의 오른쪽에는 축복 받은 자들의 대열이 있고, 왼쪽에는 무릎 위에 적 그리스도를 안고 있는 사탄이 앉아있는데 그 곁에서 천사들은 사탄에게로 사악한 자들을 내몰고 있다. 맨 아래 오른쪽에는 품에 한 영혼을 품고 있는 아브라함과 성모마리아, 세례요한, 정원의 문을 지키고 있는 체루빔 천사(Cherub), 베드로, 그리고 영혼의 길잡이 역할을 하는 천사가 있다. 왼쪽에는 지옥이 있는데, 여기서 지옥에 떨어진 자들은 비좁은 방에 격리되어 있다. 격리된 방에 들어있는 사람들은 불길 속에 갇혀있으며, 하나의 방에는 '결코 잠들지 않는 벌레' 들도 보이는데, 이 벌레들의 도상학적인 근거는 "그들을 갉아 먹는 구더기는 죽지 아니하고 그들을 사르는 불도 꺼지지 아니하리라"라고 적힌 이사야 66장 23-24절에서 찾을 수 있다. 살펴보건대 천사들이 사탄 쪽으로 내몰고 있는 저주받은 영혼들은 그들의 머리장식으로 추측해 볼 때 부와 영화를 누리던 자들이다.

다른 예들을 살펴볼 때, 12세기의 작품으로 추정되는 이탈리아 포르미스(Formis) 의성 안젤로 성당(Church of S. Angelo)에 프레스코로 그려진 심판도들은, 토르첼로 만큼 내용상 정교하지 하지 못하거나, 혹은 많이 손상된 모습을 보이지만, 토르첼로에서 우리가 살펴 본 사실들과 관계 지워 설명될 수 있을 듯하며, 이런 해석은 시대적으로는 더 뒤처져 있지만 비잔틴의 영향을 짙게 반영하는 13세기의 작품들인 피렌체 세례당 천장(Florence Baptistery)의 모자이크 등에도 적용되어질 수 있다고 파악된다.

〈최후의 심판〉 프레스코, 성 안젤로 성당, 12c, 이탈리아 포르미스

결국, 우리가 12, 13세기 '최후의 심판도'에서 유출해낼 수 있는 결론

은 이전의 단편적인 이미지들과 비교했을 때 이 도상들은 '영적인 위계질서'나 '심판의 과정 및 결과'를 구축하고 설명하기 위한 하나의 체계도로 발전되었다는 사실로 집약된다. 이 이미지들에서 화면은 크게, 단과 칸으로 구분되면서 매우 조직적인 구조를 가지게 되었는데, 여기서 단은 '천상의 존재'들을 '구원받을 자'와 '저주받을 자'로부터 구분해 주고, 칸은 축복받은 자와 저주받은 자를, 혹은 저주받은 자들은 각 죄과 별로 구분해주는 역할을 한다. 예수를 중심으로 '선과 악'이 '좌와 우'로 나뉘고

〈최후의 심판〉 피렌체 세례당, 13c 후반, 이탈리아 피렌체

있으며, 따라서 천국과 지옥도 좌/우, 선/악, 흑/백의 이분법적 논리 속에서 설명된다. 여기서 '좌와 우'로 '선과 악'을 나누는 데 대한 도상학적인 근거는 "그날이 오기 전에 회개할 것"을 재촉하는 내용을 담고 있는 예수의 비유 중 '양과 염소의 비유'에 기인하며, 우리는 이 내용을 마태복음 25장 32-33절에서 찾을 수 있다. 이미지들은 그 뛰어난 가독성으로 인해 성서를 읽지 못하는 많은 사람들, 그리고 신학적 이론의 복잡함을 다 이해하고 있지 않은 사람들일지라도 누구나 따라 읽을 수 있고 이해

할 수 있을 분명한 메시지의 전달을 그 목표로 하고 있으며, 작품을 대하는 사람이 이제 발을 들여놓게 된 영적인 세계인 '하나님의 나라'를 지배하는 질서와 규칙, 권력구조를 분명히 일깨워 주는 중요한 역할을 수행하고 있다. 주로 성당의 입구의 내부 벽에 위치함으로써 성당을 떠나며 보게 되는 이들 '최후의 심판도'들은 '성당을 나가서도' 매일 이 영적인 세계에 대하여 숙고하도록 말하고 있는 듯하다. 초기 기독교 미술 시절에는 크게 강조되지 않았던 최후의 심판 도상이 크게 인기를 누린 이유에 대해서는 여러 가지 설명이 가능하겠지만, 황제의 후원을 받게 된 기독교가 그리스도의 권력을 선언함에 있어서도 더 담대해지고 직접적인 방식으로 표현을 하고 있는 모습을 볼 수 있다. 한편으로는 그들이 아직 살아있을 때 재림을 보리라고 믿었던 초기 기독교인들 중 많은 사람들이 재림을 보지 못한 채 명을 다했고, 그 후에는 서기 1000년에 예수가 재림하고 세상의 종말도 온다고 믿는 '새 천년설'이 만연하였는데 1000년에 이 기대마저 무너지자, 보다 심판 이야기에 대한 보다 명확한 개념정립이 필요하면서 '마지막 날'은 '그 시간과 그 날은 아들도 모르고 오직 아버지만 아신다'는 성경구절로 다시 초점이 맞추어진 것인지도 모른다. 이에 다가올 세대가 누구나 숙고할 수 있을 기본적인 메시지를 담고 있는 '최후 심판'의 구성이 나오게 된 것이다. 결론적으로 말해, 이렇게 확립된 '최후심판'의 도상적인 구성요소들은 그 이후 다가올 시대를 통해 이 주제와 관련된 도상학적 전개과정의 기본적인 틀로 작용하는 유용성을 지니게 되었다. 이 시기에 구축된 도상의 기본적인 골격은 대규모적인 건축양식의 확산으로 드러난 로마네스크 시대를 통해 보다 널리 전파되었는데, 로마네스크 성당을 꾸미는 부조의 형식으로 발견되는 최후의 심판 이미지들은 문자 그대로 '돌에 새겨져' 순례자 성당을 방문하는 모든 순례자에게 보여짐으로써 보다 넓은 관람자 층을 형성하게 된다. 이제 로마네스크 성당 건축에서 발견되는 심판 이미지들을 살펴보도록 하겠다.

돌에 새겨진 메시지 -로마네스크 성당 포털

서로마 제국이 476년에 멸망한 후 기독교는 고대 지중해 중심의 문화에서 벗어나 알프스 이북의 유럽 전역으로 확산되었다. 로마네스크 건축가들은 고대 로마 건축가들이 발명한 반원아치를 기본으로 사용하여 성당 건물을 지었는데, 이 성당들은 성당 서쪽 입구 쪽에 거대한 부조 조각들을 완성한다. 순례자를 포함한 신도들이 성당을 들어서면서 가장 먼저 보게 될 이 조각들은 당대 기독교가 만인을 향해 전파한 복음의 핵심을 집약적으로 보여주는데, 그 주제가 대부분 세상 최후의 날, 심판을 받게 된다는 내용을 다루고 있음이 의미심장하다.

프랑스 므와삭(Moissac, France)에 위치한 성 베드로 성당(Church of St. Peter)의 팀파늄 조각 역시, 최후의 심판도를 보여주고 있다. 이 조각의 내용은 요한계시록의 내용에 근거하여 유리 강이 권좌에 앉아있는 예수의 발 밑으로 흐르고, 천사들과 계시록의 동물들이 등장하여 환상적인 분위기를 연출하고 있다. 24 장로가 예수를 중심으로 앉아있고, 예수는 유일하게 정면을 보고 있는 부동성을 지니며, 비례 상 다른 인물들 보다 크고, 중앙에 위치함으로써 그가 집권자요, 권력자임을 명백히 한다. 그리스도가 딱딱하게 앉아 있는데 반해 그 주위의 사람들은 다리를 꼬았다, 풀었다, 긴장된 모습으로 움직이면서도 고개만은 하나같이 그리스도

〈계시론적 비젼〉 성 베드로 성당, 남쪽 팀파늄, c. 1125-30, 프랑스 므와삭

에게 돌려 눈의 시선을 모으고 있다. 결과적으로 예수의 부동적인 모티브는 그의 영원하면서도 불변하는 신으로서의 속성을 나타내며, 그가 주위의 인물들과는 다른 차원의 존재임을 나타냄으로써 거리감을 조장한다.

이에 반해 오텡(Autun, France)에 있는 성 나사로 성당(Autun Cathedral)은 또 다른 방식으로 신자들을 접근한다. 여기서도 예수의 거대한 스케일은 그 정면성과 부동성으로 주변에서 꿈틀거리는 부산한 움직임들과 비교되는 영원성과 권위를 암시한다. 만돌라에 앉아 있는 그는 두 팔을 벌려 "이제 때가 찼으니 정의가 이루어지리라"고 말하는 듯한데, 그리스도의 머리 양쪽에는 우주를 상징하는 해와 달이 있으며, 아키볼트에는 12 궁도와 24 장로들의 모습이 보인다. 팀파늄의 네 귀퉁이에는 각

구석의 형태에 맞게 몸을 구부린 4명의 천사들이 나팔을 불고 있어 이제 심판의 시간이 시작되었음을 알려준다. 린털은 좌우로 나뉘어 선택받은 자와 저주받은 자의 모습들을 보여주는데, 화면의 우측상단에 있는 새 예루살렘과 거기에 살고있는 사람들의 모습도 우리의 눈길을 끈다.

린틀의 왼쪽, 다시 말해 예수의 오른쪽에는 구원받는 자의 유형이 보이는데 이들은 정확히 구분이 안 되는 사람도 있지만 승려, 가족, 어린이가 있고, 또 두 명의 순례자도 있다. 좀 더 자세히 보면 우리는 이 두 명의 순례자들이 성 제임스의 산티아고 성당(Santiago of St. James)으로

〈최후의 심판〉 팀파늄, 정면 입구, 생 라자르 성당, 1220-1135, 프랑스 오튕

가는 사람들임을 알 수 있는데, 이는 이들이 '산티아고 성당으로 가는 순례자임'을 상징하는 조개껍질을 몸에 지니고 있기 때문이다. 오텡 성당이 순례자 성당 중 하나였고, 따라서 이 성당의 문턱을 들어설 많은 이들이 순례자 신분이었을 사실을 고려할 때, 이 도상은 순례자들에게 전달하고자하는 매우 구체적이고 개별적인 메시지로 파악될 수 있으며, 그 메시지란, '최후의 심판날, 순례자들은 구원의 대열에 포함될 것'이라는 내용이 될 수 있겠다. 머나먼 여정 끝에, 지친 몸을 이끌고 드디어 오텡 성당에 도달한 순례자의 입장에서, 그들 자신의 모습을 담은 '최후의 심판'의 이야기를 본다는 것이 얼마나 고무적이고 감동적이었을지를 상상해보면, 이들 중세조각에서도 우리는, 흔히 현대미술을 설명하는 구절로 언급되는 '관람자 중심적인 미술'의 실천적인 예를 볼 수 있는 듯하다.

한편 린틀의 오른쪽 부분에서 우리는 그 반대 부류, 즉 저주받은 자들의 모습을 본다. 지옥으로 규명되는 화면에서, 우리는 뱀이 여자의 가슴을 물고, 괴물 같은 손이 죄인의 목을 낚아채고, 또 다른 뱀이 돈주머니를 목에 걸고 있는 구두쇠의 손을 무는 무시무시한 상황들을 목격한다. 여기서 우리는 지옥이라는 주제가 줄 수 있는 드라마틱한 효과를 실험하고 있는 로마네스크 미술가들에게 이 주제가 얼마나 매력적인 것일 수 있었을까를 생각해 보게 된다. 창조적인 사람들에게 지옥이 지닌 매력은 아마 보통을 넘어서는 것이었을 것이다. 기독교 교리가 삶의 모든 부분을 지배한 중세의 사회에서, 지옥이라는 주제는 교리에 위배되지 않으면서 미술가가 마음껏 그 상상력을 시험해 볼 수 있는 장이었을 것이기 때문이다. 즉 지옥이란 장소는 무서우면 무서울수록 좋으며, 지옥의 괴물들 또한 회괴망칙 하면 회괴망칙 할수록 그 소기의 목적을 더 잘 달

성할 수 있었다. 좀 더 무서운 지옥, 보다 소름끼치는 괴물들과 그 고통의 현장을 어떻게 만들어 낼 수 있을까 하는 것이 미술가들의 고민이자 영감의 원천이 되었던 것을 볼 수 있다.

결론적으로 11세기 초부터 체계화되는 것이 보여지던 '하나님 나라'에 대한 도상은 12세기와 13세기에 이르러서는 천국과 지옥, 신과 인간이라는 확실한 위계질서를 세우며 총체적인 의미를 함축하여 담아내었고, 하나의 완성된 도안으로, 그리고 하나의 인습적인 도상으로 드러나게 되었음을 볼 수 있다. 체계화 되는 과정에서 발전하게 된 것이 지옥의 모습을 구체화하는 작업이었고, 이에 따라 해괴하고 기이한 괴물들의 잔인하고 살벌한 지옥의 이미지들이 상상력의 나래를 펼친다. 최후의 심판 도상이 유래없이 많이 사용되고 전파된 이 시기의 미술은 기독교적 메시지를 문명의 대중에게 전파하는 기수로 작용했다.

03. 〈최후의 심판도〉 -미리 보는 지옥

르네상스를 거치며 인본주의적이고 이성 중심적인 사고가 세상에 질서를 부여한 반면 일상에서는 그에 반하는 일도 많이 일어났다. 예컨대 페스트 같은 팬데믹이나 심지어 종교의 이름으로 계속되는 전쟁과 약탈 등, 어두운 세력이 잠식하고 이에 따른 불안과 두려움이 엄습하기도 했던 것이다. 이런 의미에서 일부 작가들은 세상의 어두운 면을 담아낸다.[03] 예컨

03 이 단락의 내용은 다음의 졸고에서 보다 자세한 레퍼런스들을 찾아볼 수 있다. 신채기,

지오토 〈최후의 심판〉, 아레나 채플, 1305, 이탈리아 파도바

대 앞서 본 오텡 성당의 <최후의 심판>에서도 등장하지만, 사탄과 마귀의 이미지들, 특히 지옥에 대한 기이하고 환상적인 주제들은 작가들의 상상력을 부추겼다. 지옥에도 입이 있고, 사탄은 죄인을 잡아먹고 또 배설하기도 한다는 등의 기이한 이미지는 점점 많은 그림들에서 발견된다.

1303년에서 1305년까지 지오토는 파도바 아레나 채플(Arena Chapel, Padua, Italy)의 장식을 맡게 되면서 예수의 생애 이야기를 교회 내부 벽을 둘러가며 하나의 긴 서술식 구조로 그렸다. '최후의 심판' 이미지(그림 28)는 서쪽 벽면 전체를 차지하는 거대한 규모로 그려졌는데, 이 그림은 예수의 이야기를 시간적인 순서에 의거하여 읽어나가는 과정에서 도중에 갑자기 튀어나옴으로써 예수의 탄생부터 십자가 처형에 이르는 서술적인 흐름을 완전히 방해하며 관람자의 시선을 집중시킨다. 뿐만 아니라 그 거대한 규모로도 관람자를 압도하는 중요한 작품이다.

심판 벽화의 대부분은 과거 기독교 도상에서도 많이 발견되던 정통적인 이미지들로 구성된다. 윗 부분에 그려진 대 천사장은 천국을 마치 두루마리를 열 듯 보여주고 있는데 이는 성경의 이사야 34장 4절과 계시록 6장 14절에 기인한 것으로 보인다. 중앙의 예수는 무지개 왕좌에 앉아 있는데 여기서 무지개는 노아의 홍수 이야기에 문헌적 근거를 가진 구원의 상징이다. 왕좌는 네 사도를 상징하는 네 짐승에 의해 받쳐지고 있는데, 마태는 인간으로, 마가는 날개 달린 사자로, 누가는 날개 달린 황소, 그리고 요한은 독수리로 그려져 있다. 이 도상들은 이 책에서는 앞서

미술사를 통해 본 '최후의 심판' 도상 연구 II -남유럽 르네상스와 북유럽 르네상스-, 〈신앙과 학문〉 22(2), 115-140.

갈라 플라시디아의 아름다운 모자이크로도 본 바가 있다.

여기서 천상의 존재들이 아름다운 색색가지 옷을 입고 질서정연하게 줄 서 있는데 반해, 막 부활하여 땅에서 나오고 있는 인간들은 부산한 움직임 가운데 아직 벌거벗고 있어 옷을 입는 것이 벗은 것에 비해 훨씬 품위있고 격이 높은 모습으로 표현되고 있다. 이러한 설정은 당시 사람들의 누드에 대한 전반적인 이해뿐 아니라 르네상스 후기 누드의 이미지에 대한 교회의 입장과 연관되어 기억해 둘 만한 사항으로 보인다.

벽화는 무엇보다 좌측 하단에 교회를 바치고 있는 레지날도 스크로베니(Reginaldo degli Scrovegni)의 초상화로 유명하며 그런 이유로 이 교회는 '스크로베니 채플(Scrovegni Chapel)'이라고 불리기도 한다. 스크로베니는 채플 건립에 중요한 역할을 했던 후원자로, 죽는 순간까지도 자신의 돈은 아무도 못 가져간다면서 금고 열쇠를 가져오라고 배를 움켜잡고 악을 썼을 만큼 탐욕스러운 고리대금업자였다고 하는데, 채플 건물은 엔리코 스크로베니(Enrico degli Scrovegni)가 자신의 아버지인 레지날도의 고리대금업를 면죄받기 위해 지은 것이었다. 과거 비잔틴(Byzantine) 시대에 황제가 교회를 바치는 이미지들이 성소피아 성당 같은 건물의 모자이크(mosaic)에 남아있는 예가 있지만 여기서 일개 고리대금업자였던 사람이 교회를 헌납하는 인물로 그려지고 있는 것은 당시 르네상스 특유의 인간 중심주의, 개인 중심주의를 반영하며 당시 교회와 귀족의 뒤를 이어 미술 후원자로 등장한 새로운 시민계급과 부유한 상인들의 지위를 보여준다. 축복받은 자의 대열 속에는 작가 자신인 지오토도 화면의 가장 앞줄에 흰 모자를 쓴 모습으로 포함되어 있어 성스러운 사건의 등장인물 역할을 하고 있다. 여기서 예배당을 헌물하는 스크로베니가 '최후의 심판' 장면에, 그것도 천국 쪽에 해당되는 예수의 오른편 공간에 포함되어 있다는 점은 종교개혁을 염두에 두고 생각해보더라도 흥미로운 부분인데, 이는 고리대금업자 스크로베니 같은 인물도 거대한 금액의 헌금을 통해 구원을 받을 수 있다는 점을 매우 분명하게 시사하고 있기 때문이다.

스크로베니 벽화와 관련하여 또 한가지 언급하고 싶은 사항은 지옥을 표현하는 지오토의 방식이다. 이 그림은 저자가 앞서 언급한 바 있는 중세적 전통, 다시 말해 전반적으로 상하좌우의 논리적 구도로 전달되는 <최후의 심판> 구도에 따르고 있지만 중세 때보다 더 불안해 보이는 지옥을 보여주고 있다. 중세 기간에 걸쳐 건물 입구에 조각되던 지옥 이미지들이 로마네스크나 고딕 성당의 파사드(facade)에 기하학적으로 구획화 된 틀 안에서 그 모습을 보여준 데 비해, 이제 프레스코라는 벽화의 형식으로 조형적 자유를 한결 누리게 된 이탈리아의 최후의 심판도는 넘실거리며 경계를 넘을 듯 이글거리는 지옥의 모습으로 눈길을 끈다. 이에 대해 메이스(Millard Meiss)는 "지오토의 지옥은 질서가 없는 장소"라는 흥미로운 지적을 한 바 있는데, 이것은 지오토가 이해한 천국과 지옥의 차이를 설명해 주는 듯하다. 3차원적으로 공간을 구축해내고, 하늘을 중세 전통의 금색이 아닌 하늘색으로 칠했던 데서도 볼 수 있듯이 시대에 앞서 명료한 이성적 사고를 추구한 작가에게, 지옥은 이전의 좌/우 구분을 넘어서려는 부정형의 형태로 넘실거리고 있으며 이에 대칭적이고 질서정연한 이 그림의 차분한 질서를 어느 순간 깰 수도 있을 위협적인 힘으로 표현된다.

지옥에서의 형벌도 무척 사실적으로 당시 사회상을 반영하고 있다.

아주 세밀한 크기로 그려진 인간들은 중세 성당 파사드에서 보았던 것처럼 자신들의 죄목을 반영하곤 하는데, 돈주머니를 목에 무겁게 걸고 있거나 가슴을 뱀에게 물린 여인의 모습은 이전에도 발견되던 도상이었다. 그런데 충격적이고도 새로운 이미지로 우리는 끈으로 성기가 묶인 채 거꾸로 매달려 있는 사람을 발견한다. 여기서 부활한 사람들은 비록 나체라도 몸을 돌리고 있거나, 무덤, 석관 등을 앞으로 하고 성기는 가린 반면, 지옥에 있는 사람들의 성기는 다 보일 뿐 아니라, 이 기관들이 찔리거나 눌리고 잡아당겨지는 고문을 당하고 있음이 특이하다. 중세 때부터 범죄자에 대한 처벌 중 하나로 옷을 발가벗겨 치욕을 당하게 하였으며, 14세기 투스까니(Tuscany)에서는 국가차원의 사형 집행 시 거꾸로 매다는 방법을 채택하였음을 상기해 볼 때 이러한 지오토의 지옥 이미지는 당시 사회에서 실재로 행해지던 고문들의 형태를 빌려온 것으로 파악된다. 지옥의 왕좌에 앉아 있는, 가공할 만한 시퍼런 사탄의 모습도 볼 만한데, 이 사탄은 죄인을 삼키고, 또 배설하는 괴물로 우리가 이미 살펴본 바 있는 인물이다. 단, 여기서의 사탄은 양 귀에 뱀이 달려 죄인을 '곱배기'로 먹을 수 있게 되어 더욱 공포의 대상이 된다. 저명한 미술사학자 하트(Fredrick Hartt)는 지오토의 이런 끔찍한 지옥 그림이 단테(Dante Alighieri, c. 1265-1321)에게도 영향을 주었으리라고 이야기하는데, 이런 가설은 단테가 1302년 파도바에 가서 지오토를 만났고, 당시 지오토는 현재 논의 중인 작품을 제작하고 있었다는 논리에 기인한다.[04] 단테가 소

04 Fredrick Hartt, Italian Renaissance Art, New York: Harry N. Adams, Inc., 1989, 503.

설 속에서 지옥을 만들어 냄에 있어서 지오토의 영향을 받았는지 여부는 알 수 없지만, 후대 르네상스를 거쳐 다수의 화가들이 단테의 『신곡』에 기술된 지옥의 이미지를 그렸다는 사실은 부인할 수 없을 것이다.

이런 의미에서 나르도 디 치오네(Nardo di Cione, died c. 1366)의 <지옥>은 거론할 만하다. 치오네의 <지옥>은 단테가 그려낸 9개의 옥과 34개의 곡을 묘사하고 있으며 기본적인 지형 뿐 아니라 등장 인물의 묘사나 담겨있는 활동에 이르기까지 단테의 문헌적 기반에 충실한 면을 보여준다. 단테는 『신곡』에서 지옥을 9개의 지옥으로 나누어 방마다 진행되는 구체적인 일들을 설명했을 뿐 아니라, 독자를 매료하는 건축적 창의성으로 지옥의 구조를 묘사하였다. 단테의 지옥은 나선형의 굴이 크기 상으로 점점 좁아지며 아래로 깊숙이 내려가는 기본적인 형태를 가지고 있으면서도 갑자기 지형이 달라져서 산이 나오기도 하는 등, 복잡한 삼차원의 공간을 구축해 낸다. 이는 상상하기도 힘들고, 화가들이 그리는 것은 더 힘들었을 텐데, 그럼에도 불구하고 이 복잡한 구조를 나르도 디 치오네가 그렸다는 사실은 당시 인본주의적인 문학이 전통적인 기독교 도상에 미치는 영향력을 다시금 느끼게 한다. 치오네의 그림은 돌을 굴리고 있는 구두쇠와 낭비가들, 불타는 관, 그

나르도 디 치오네, 〈지옥〉 스트로찌 채플,
산타마리아 노벨라, 14세기 중반,
이탈리아 피렌체

리고 여자의 머리와 독수리의 몸을 가진 괴물인 하피(Harpies)까지 담고 있다는 점에서 단테의 문학에 깊은 성실성을 보이고 있으며 이로써 지옥에 대한 당시 관람자들의 두려움을 증가시키는데 큰 역할을 했을 것으로 보인다. 그림이 그려진 산타마리아 노벨라(Strozzi Chapel, Santa Maria Novella, Florence, Italy) 교회는 도미니크 수도회 소속이었는데 고백과 회개를 강조한 수도회의 교리를 강조하고 있었다. 치오네의 상세한 지옥도는 채플을 헌납한 스트로찌(Strozzi) 가문의 고리대금업의 죄는 물론, 지옥도를 마주하는 모든 신도들의 마음에 징벌에 대한 두려움을 불러일으키고, 궁극적으로 도미니크 수도회의 이데올로기를 사회 속에서 강화하는 역할을 하는데 기여하였음에 틀림없다.

나르도 디 치오네의 천국 그림도 잠시 언급하면 지옥도가 단테의 문학에 충실했던 반면 그의 <낙원(Paradise)> 벽화는 특별히 단테의 영향을 보이지 않는다. 이 이미지에서 저자가 주목하고 싶은 바는 두 가지로, 하나는 천국으로 올라간 성도들의 모습인데, 이들은 그냥 옷 입은 사람들이 잔뜩 집합되어 있는 것처럼 보인다. 특별한 활동을 하지 않고 그냥 열지어 서있는 이런 모습은 비교적 정적인 모습으로 표현되어 지옥의 이미지와 대조를 이룬다. 또 한 가지 주목할 바는 마리아의 위치에 대한 것으로, 여기서 마리아는 예수 바로 옆자리에 유일한 파트너로 앉아 상당히 격상된 위치를 보여준다.

마리아가 예수의 동격으로 마치 부인이라도 되는 듯 옆 자리에 앉아있는 예를 우리는 부팔마코(Buonamico Buffalmacco)의 '최후의 심판'(그림 31)에서도 발견한다. 앞서 로마네스크 교회의 팀파늄 조각에서도 보았듯이 과거에는 세례 요한이 마리아와 함께 중재자의 직책을 공

나르도 디 치오네, 〈낙원〉 산타마리아 노벨라, 스트로찌 채플(Strozzi Chapel), 14세기 중반, 이탈리아 피렌체

유하였지만, 13세기 말부터는 세례 요한은 빠지고 마리아만 등장해 아들의 진노에서 죄인들을 보호하는 모습을 보인다. 마리아의 거룩함과 신성함은 예수와 함께 왕좌에 앉음으로써 그 극에 이르고, 이제 그녀는 예수의 보조자가 아닌 파트너로서의 자리를 획득하게 된 것이다. 이는 카톨릭 교회에서 중요한 자리를 가지게 된 마리아의 모습을 표현하고 있어

부팔마꼬 〈최후의 심판〉 프레스코, 콤포 산토, 14세기 중반, 이탈리아 피사

흥미롭다. 마리아가 세례요한보다 더 인기가 있었던 이유가 있다면 그것은 당시 유행한 문헌들에서도 찾을 수 있겠다. 13세기 말에 씌어져 큰 인기를 끌었던 『황금전설(The Golden Legend)』에 의하면 마리아는 저울의 선에 손을 대거나, 가슴을 보이며 예수께 자비를 구하였는데, 특히 중세 이후 전염병, 기근, 전쟁으로 인해 유럽 전역에 죽음의 공포가 드리워졌을 때 사람들은 마리아를 통한 자비의 힘이 필요했던 듯 하다. 당시 사람들이 느낀 공포와 위협이 어느 정도 이미지를 통해서도 드러난다고도 할 수 있겠다. 한 예로, 나르도 디 치오네의 그림에 비해 트라이니의 그림은 월등한 지옥의 구조에 천상세계가 밀려 있는 듯한 인상을 준다. 여기서 사탄은 문자 그대로 예수보다 큰 몸집을 가지고 있으며, 구획 구획 체계화된 지옥에서 보다 조직적인 체계를 세워 절대적인 위치로 군림하고 있는 것처럼 보인다. 이처럼 위축된 그리스도의 모습과 중재자로서의 마리아의 등장 배경에는 1340년 경 이미 유럽을 강타한 大흑사병도 있을 것이다. 위축된 그리스도의 이미지에 대한 배후의 원인이 이 전염병이었을 추측은 당시로서는 타당한 듯 한데, 이는 이후 책의 뒷 부분에서 살펴보게 될 뒤러 또한 비슷한 메시지를 전하고 있기 때문이다.

부팔마코의 그림에서 신의 존재가 다소 무력해진 모습으로 드러났다면, 시뇨렐리(Luca Signorelli, c. 1445-1523)는 '최후의 심판' 그림들에서 신의 존재를 아예 없애버렸다. 시뇨렐리의 이 두 작품이 가족묘당을 위해 그려졌다는 점을 생각할 때, 이런 결정은 우연이 아닐 것이다. 시뇨렐리의 작업은 관람자들이 죽음을 생각하는 장소에서 보는 '최후의 날' 이야기를 담고 있다. 이 날은 두려울 수도 있지만 신학적으로 신자들에게는 기쁨으로 기대할 만한 날이기도 했는데 시뇨렐리는 무엇보다 그의

시뇨렐리, 〈죽은 자의 부활〉 산 브리지오 채플, 1499-1504, 이탈리아 오르비토

시뇨렐리, 〈지옥으로부터 인도된 저주받은 자들〉 산 브리지오 채플, 1499-1504, 이탈리아 오르비토

팽팽하고 싱싱한 육체들을 통해 최후의 날에 죽은 자들이 다시 살아나는 에너지를 강조한다. <죽은 자의 부활(Resurrection of the Dead)>에서 천사의 나팔소리가 죽은 자들을 깨우자, 해골들은 땅을 헤집고 나오는데, 작가는 여기서 희미한 해골들이 젊은이의 멋진 몸매를 되찾게 되는 부활의 극적인 형태 변환 과정을 묘사한다. 정정하게 육체의 모습을 입고 다시 되살아나면 모두 젊고 건강하며, 늙거나 허약한 사람은 한 사람도 없다. 시뇨렐리는 이 날의 기쁨을 빛의 반짝임으로 채우기 위해 그림의 윗부분을 이루는 돔(dome)부분에 작은 컵 모양의 홈들을 파서 빛이 반사되는 '특수효과'를 극대화하였다. 한편, <지옥의 저주를 받은 자들(Damned Consigned to Hell)>에서는 미카엘, 라파엘, 우리엘 천사가 갑옷을 입고 등장하며 이것은 심판을 공정하게 진행시켜야 하는 병사로서의 임무를 보여준다. 여기서도 시뇨렐리의 육체들은 너무나 팽팽하

고 섹시해서, 이 육체들의 발이나 귀를 찢고 깨무는 악귀들의 모습들과 더불어 포르노그라피적이라는 평가까지 받았을 정도이다. 사실, 당시 지옥의 모습이 호색적인 성격을 띠는 예는 종종 발견하게 되는데 <술 취하고 욕정에 사로잡힌 자들의 지옥>이라는 제목의 그림에서는 여자의 가슴이나 남자의 성기를 핥거나 먹는 듯이 건드리는 개의 이미지나 여자의 성기를 파고들듯 접근하는 뱀의 기다란 몸을 볼 수 있다. 이는 당시 사회적인 분위기로 금기시 되었던 성적 욕구나 환상을 배출하는 통로로 일견 성적인 도덕성을 강조하고 종교적인 규범을 강조하는 이미지들이 사용될 수 있었음을 시사한다.

이에 이탈리아 르네상스 작업들에서 발견되는 몇 가지 성격들을 정리해보고자 한다. 지오토 때부터 이미 지옥은 컨트롤이 안 되는 넘실거리는 힘으로 천국의 질서정연한 안정감까지 넘볼 수 있을 위태로운 세력으로 묘사되었는데, 단테나 단테의 영향을 받은 것이 분명해 보이는 치오네까지 모두 천국보다는 지옥을 묘사하는데 더 많은 공을 들이고 있다는 점을 알 수 있다. 이들의 작업에서 지옥은 천국보다 훨씬 많은 구간으로 나뉘어 훨씬 체계화되었을 뿐 아니라, 정적이고 질서정연한 천국 이미지에 비해 훨씬 위협적이고 역동적인 모습으로 표현된다. 지오토에서도 예수는 지옥에서 고개를 돌리고 있는데, 치오네의 그림에서 지옥은 예수의 힘에서 떨어져 나간 공간으로 표현된다. 트라이니의 최후의 심판에 묘사된 사탄은 문자 그대로 예수보다 큰 몸집으로 그려져 있어 사탄의 세력이 예수의 세력보다 더 유력함을 암시하는 듯한데, 시뇨렐리는 그의 최후의 심판 이미지에서 신의 이미지를 아예 없애버렸다. 이러한 성격은 이전의 중세 최후의 심판 도상에서는 발견할 수 없었던 요소로 종교개혁 이전의 이탈리아 르네상스에서 점점 우위적인 세력으로 고개를 들기 시작하는 지옥의 모습이라고 하겠다. 그 외에도 우리는 격상된 위치로 나타나는 마리아의 모습을 볼 수 있었으며, 성직자의 복장을 입은 사람들뿐만 아니라 악독한 고리대금업자를 포함하여 교회를 후원하거나 교회를 지어 헌납한 구체적인 인물들의 모습이 '천국'의 영역에 포함되어 있는 모습을 볼 수 있었다. 르네상스 시대를 관통하는 고전주의 및 인본주의에 대한 뿌리 깊은 관심도 발견된다. 단테의 문학이 도상에 끼치는 영향을 읽을 수 있었으며, 고전적 누드에 대한 관심이 특히 많이 발견된다. 초기에 지옥에서만 볼 수 있었던 벌거벗은 사람들의 모습은 급기야 외설적이리만큼 육욕적인 모습의 누드 인물상들로 천국을 채운다. 시뇨렐리에서 볼 수 있었던 이런 누드들은 금기시되는 욕망을 배출하는 출구로 사용되었을 수도 있겠다. 고전적이고 이상화된 누드에의 관심을 절정으로 끌어올린 작가는 미켈란젤로일 것이다. 미켈란젤로도 최후의 심판 이미지를 남겼는데 이는 반종교개혁의 차원에서 의뢰된 작품이라 종교개혁의 여파를 보여주는 북유럽 르네상스 미술을 논의 한 후, 살펴보도록 하겠다.

북유럽에서의 르네상스는 이탈리아와는 또 다른 성격으로 진행되었다. 북유럽 르네상스를 대표하는 작가들이 종교개혁 이전에 남긴 최후의 심판 이미지를 통해서도 우리는 선과 악, 성과 속 사이에서 점점 고조되는 긴장감을 읽을 수 있다. 특히 지옥을 표현하는 이들의 방식은 북유럽 특유의 현실주의적인 감성을 보여준다.

1440년경, 얀 반 아이크(Jan van Eyck, c. 1390-1441)는 '최후의 심판' 한 점을 그렸고, 그로부터 약 12년 후, 크리스터스(Petrus Christus,

얀 반 아이크, 〈최후의 심판〉, c. 1440-1441, 뉴욕 메트로폴리탄 미술관
천국에 왕관을 쓰거나 사제 복장을 한 인물들이 포함되어 있다.

c. 1410/1420-1475/1476)가 얀 반 아이크의 그림을 모델로 하여 보다 단순화된 '최후의 심판도'를 그린 것을 알 수 있다. 여기서, 두 작가 모두 지옥의 입구는 해골로 표현한 것을 우리는 발견하게 되는데, 이는 북유럽의 미술가들이 죽음을 기억하면서 정물로도 많이 그리던 오브제였다. 칼을 들고 갑옷을 입은 미카엘 천사도 거대한 크기로 눈길을 끄는데 그는 저주를 받지 않고 도망치는 영혼이 없도록 서서 지키는 역할을 한다. 그림에서 미카엘 천사는 지옥을 그 발 아래 두고 있으며 지옥은 지하의 어둠에 갇힌 닫힌 공간으로 연출된다. 두 작가 모두 천국에 왕관을 쓰거나 사제 복장을 한 인물들을 포함시키는데 이는 사회적이고 세속적인 지위가 천국에서도 통용되고 있음을 보여준다.

크리스터스 〈최후의 심판〉, 1452, 독일 베를린 게말데갈레리

로저 반 데르 바이덴(Rogier van der Weyden, 1399-1464)의 '최후 심판'은 예수의 오른쪽에 그려진 백합꽃과 왼쪽에 그려진 칼을 통해 이것이 심판의 장면임을 강조하는데, 여기서 백합은 무죄를, 칼은 유죄를 상징한다. 천칭을 든 천사 미카엘은 갑옷이 아니라 가운을 입음으로서 훨씬 부드러운 분위기를 연출하는데 심판이나 죽음, 지옥에 대한 공포를

반 데르 바이덴 〈최후의 심판〉 1445-48, 독일 보네 뮤지 데 르오텔 디우 소장

최소화했다는 것은 다른 작품과 구별되는 이 작품의 특수한 성격이다. 우선 반 데르 바이덴의 도상에는 관습적으로 나타나던 지옥의 괴물들이 보이지 않는다. 여기서 천사는 악마와 몸싸움을 하지 않고, 사람을 잡아먹는 기괴한 모습의 괴물들도 사라졌다. 소름 끼치는 고문 도구들도 없고, 저주받은 자들이 지옥의 문으로 밀어 넣는 폭력도 행사되지 않는다. 당사자는 죄의 무게를 측정하는 저울의 기울기에 따라 자신이 가야할 방향으로 자발적으로 걸어가고 스스로 천국의 문으로 들어가거나 지옥의 구덩이로 떨어지는 것을 볼 수 있다. 여기서도 천국은 화려한 고딕 건물로 표현되어 있고, 천국의 자리에 왕관 쓴 사람들과 성직자의 복장을 한 사람들이 앉아있음은 주목할 만한 사실이다. 이 벽화에서 두렵지만 눈길을 끄는 지옥의 도상들이 대거 사라진 이유는 그림이 그려진 장소특수성에서 발견해야 할 것이다. 이 그림이 그려진 장소는 병원이었는데, 당시 병원은 죽음을 맞이하는 곳이었다. 이미 심신이 약해진 환자들이 평안히

죽음을 맞도록 배려하기 위해 공포심을 조장하는 이미지들을 최소화하여 그린 예를 여기서 볼 수 있다.

반 데르 바이덴의 제자였던 멤링(Hans Memling) 또한 흡사한 구성의 최후심판도를 남겼다. 예수의 좌우로 다시 백합과 칼이 대두하고, 마리아와 세례요한이 중재 기도를 하는 가운데 4명의 천사는 심판날을 알리는 나팔을 불고 있다. 미카엘 천사는 다시 반짝이는 갑옷을 입고 천칭을 들고 있고 화면의 좌우로 지옥의 아비규환과 천국으로의 행복한 입성이 대조된다. 여기서 천국으로 들어가는 사람들은 수정으로 만든 계단 위에 커다란 열쇠를 손에 들고 서있는 베드로에 의해 맞이되고 있다. 이는 교회를 통하지 않고서는 천국에 들어갈 수 없다는 메시지를 더욱 강

멤링, 〈최후의 심판〉 1467-71, 폴란드 그다인스크 국립미술관

멤링 〈최후의 심판〉(세부)
아직 벌거벗은 사람들이 천국의 문 앞에 줄지어 서서 천사들의 안내에 따라 옷을 받아 입는 가운데 교황과 추기경은 이미 복장을 갖추어 입은 모습으로 입장하고 있다.

화하고 있다. 뒤에 보이는 천국은 고딕 대문에 르네상스 탑을 가진 거대하고 화려한 건물이다. 아직 벌거벗은 사람들은 줄지어 서서 천사들의 안내를 받으며 천국의 문 앞에서 옷을 받아 입는데 이 중에는 교황과 추기경의 복장을 입은 사람들도 보여 천국과 교회의 상관관계를 강조하고 있다.

보쉬(Hieronymus Bosch, 1450-1516)는 지옥을 참으로 독창적으로 그린 인물로, 그의 기괴하면서도 초현실적인 지옥상은 전무후무한 예가 아닐까 한다. 여기서도 성모 마리아와 세례자 요한이 중보기도를 하고 있는 가운데 네 명의 천사가 심판을 알리는 나팔을 불고 있다. 하지만 보쉬의 그림에는 천국으로 들어간 성직자들의 모습을 볼 수 없다. 저울질 하는 미카엘 천사의 모습도 보이지 않는다. 보통 통상적인 삼면화 구도를 따른다면 심판하는 예수를 중앙 패널(central piece)에 넣고, 오른쪽 화판(right wing)에는 지옥을, 그리고 왼쪽 화판(left wing) 에는 천국의 그림을 그려넣는 것이 당연할 것이다. 하지만 보쉬의 그림에서 지옥은 슬그머니 중앙 패널까지 넘어와 대부분의 구성을 차지하였다. 예측할 수 없는 변용을 시도하는 그의 그림에서는 에덴에서도 반역천사들이 하늘에서 떨어지고, 쥐, 개구리, 사슴을 대수롭지 않게 죽이는 낯선 광경들이 연

보쉬, 〈최후의 심판 삼면화-종말날〉, 오스트리아 비엔나 미술 아카데미 소장,
1482년 이후 제작되었으나 정확한 연도는 미상.

출된다. 중간 패널의 기괴한 이미지들은 오른쪽 패널에 그려진 지옥에서 일어나는 일들과 별반 다를 바가 없다고 느껴지는데 이렇게 그의 이미지는 악의 세력을 압도적으로 그리고 있다. 그리스도는 아래에서 일어나고 있는 일들과는 너무 멀리 떨어져 있을 뿐더러 무척 동떨어져 보여서 '심판'에 관여하고 있는지 의심스러울 정도이다. 이에 이 세상은 그로테스크 하고 기괴한 인물들로 가득찬 투쟁의 장소가 되어버렸다. 천국이 쪼그라든 보쉬에게 지옥이란 거의 세상 전체를 차지하는 악몽이 된 것을 볼 수 있다.

이로써 우리는 보쉬에 이르러 좌우로 나뉘어 제시되던 선과 악의 구분에서 선의 세계가 점점 입지를 잃고 지옥의 힘이 더 막강한 기세로 세상을 점령하고 있는 모습을 본다. 점점 강화되는 교권이 막강해지는 악의 세력과 비례하여 커졌다는 것은 아이러니라 하겠다. 하지만 돌아보면 이런 위기는 새로운 탈출구가 되기도 하였다. 이런 에너지들이 모여 결국 종교개혁이라는 역사로 이어졌기 때문이다.

2000년이 훨씬 지난 오늘날에도 여전히 '최후의 심판' 주제는 '둠스데이(Doomsday): 지구 최후의 날'이나 '예루살렘: 심판의 날(JeruZalem),' '인류멸망보고서' 같은 영화를 통해 대중문화 속을 파고들며 그 오랜 역사의 맥을 이어오고 있다. '최후의 심판'이라는 이 도상은 늘 하나님을 떠난 자에 대한 경고에 메시지로 작동하며 시대를 넘어서서 오늘날까지도 살아 움직이는 문화의 한 부분으로 우리 가까이 남아 있다.

Art Church Bible

III

모든 것을
보는 눈

01 전지전능하고 공의로운 -원근법의 기호학

02 이성은 믿음에 이르는 도구 -역설어의 기능

III.
모든 것을 보는 눈

01. 전지전능하고 공의로운 – 원근법의 기호학

중세 말기를 지나며 다가온 르네상스의 시대는 그 명칭이 시사하는 바, 고전적 인본주의적 문화 전통이 부활하는 시기이기도 했지만 단순한 고전의 반복이라기보다는 그 이전에 짙게 드리워져있던 기독교 문화와 오버랩되는 특성이 있었다. 이는 기독교의 차원에서는 일상의 영역을 침범해 들어오는 신성한 공간을 의미하기도 했다. 오로지 수직적으로 위로만 솟구치던 구도의 자세에 드디어 수평적으로 주위를 둘러볼 여유가 생겼다고나 할까? 이런 의미에서 르네상스는 그 이전 기독미술에서 2차원적이고 관념적으로 표현되던 기독교적 세계관의 3차원적인 확장이었다.

유화와 원근법의 발견은 미술가들에게 새로운 표현을 가능케해주었다. 유화로 정교하게 묘사된 세밀한 물체들이 원근법에 따라 3차원적으로 그려진 공간 속에서 세상을 설득력 있게 담아내었다. 이전과는 사뭇 다른 현실감각의 실현이었다. 다른 한편으로는, 원근법을 통해 더 시각화되는 르네상스 시대의 질서 개념을 언급할 수 있겠다. 중세 말기를 거쳐 층층이 체계화된 하늘나라의 시스템와 권선징악에 대한 확신이 영감을 부여했던 것일까? 선한 자가 상을 받고, 악한 자가 벌을 받는 공명정대한 세상은 정의가 구현되는 질서의 세상이었다. 원근법은 세상의 모든 어지러운 것들에 제자리를 찾아 주었다. 세상의 모든 물체, 심지어 땅과 하늘까지도 이제는 더 이상 추상적인 개념으로 존재하지 않고, 흔들림이 없이 중력의 법칙에 따라 그 위치가 확실해진다. 특히 좌우대칭의 반듯하고 수학적인 공간들은 15세기 이탈리아에서 집중적으로 발견되는 매우 특이한 구도이다. 오늘날 우리의 눈에 이 기본적인 구도가 너무 뻔하고 쉬워 보일 수도 있지만, 인류 문화사 상으로 세상에 대한 인간의 자신감을 이렇게 확실하고 흔들림 없는 명징한 언어로 분출한 시대가 없었다는 것을 생각하면 이런 시각 표현이 늘 나오는 것이 아니며, 이 기상이 얼마나 비범했던 것인지를 생각하게 된다.

시스티나 성당에 남아있는 페루지노의 벽화는 예수가 베드로에게 천국의 열쇠를 넘기는 장면을 그린 것으로, 성경 마태복음 16장의 내용

페루지노 〈천국의 열쇠를 베드로에게 주시는 예수〉 1481, 시스티나 성당, 로마 바티칸

에 기인한 장면이다. 바닥의 돌판들에 색깔 선들이 들어가 이 공간을 잡고 있는 탄탄한 원근법적인 질서를 강조한다. 장대하게 펼쳐진 광장의 배경에는 멀리 팔각형 형태의 교회가 중앙에 보이고 그 양 옆으로 승리를 상징하는 개선문이 좌우로 화면을 받쳐주고 있다. 흔들림이라고는 없는 반듯한 공간, 이성적으로 통치되는 세상의 중심 전면에서 12 제자들이 둘러선 가운데 그리스도의 신임을 받는 베드로의 모습이 그려져 있다.

라파엘로의 <아테네 학당> 역시, 원근법으로 구축된 수학적이고 이성적인 공간을 배경으로 지성과 학식, 예술적 감성으로 고전을 빛낸 위인들이 모델로 제시되어 있다. 레오나르도 다 빈치의 <최후의 만찬> 역시, 좌우 대칭의 구도를 따른다. 중앙에 앉은 예수를 중심으로 좌측에 6명, 우측에 6명의 제자들이 배치되어 화면을 단정하게 정리한다. 예수가 잡히시던 날 밤, "너희 중 하나가 나를 배신할 것"이라는 말씀을 한 직후 제자들이 동요하는 모습을 소재로 삼고 있는 이 그림은, 말씀을 듣고 격

라파엘로〈아테네 학당〉, 사도궁, 1510-11, 로마 바티칸

레오나르도 다 빈치 〈최후의 만찬〉 산타 마리아 델라 그라지, c.1495-98, 이탈리아 밀라노

한 반응들을 보이는 제자들의 모습을 담고 있는데, 고개를 내밀거나 손을 뻗거나 서로를 돌아보며 긴장되게 움직이는 가운데 오로지 예수님만 화면의 중앙에서 흔들리지 않는 삼각형의 부동의 자세로 앉아 있다. 여기서 예수를 포함한 13명의 인물들은 모두 식탁의 반대쪽으로만 앉아 마치 증명사진이라도 찍듯이 화면 안에 잡혀있다. 화면은 식탁을 중심으로 맞추어져 있고, 주인공들은 화면의 테두리를 적당한 빈공간으로 남기며 자리를 잡고 앉아 있어 이 구도가 심히 의도적이고 계획적인 것을 보여준다. 다시 말해 13명이 등장하는 이 화면에는 우연히라도 들어올 수 있는 제 3의 인물이 없다. 화면 안에서 모든 의미가 완성되고 완결되는 이런 구도에서 제 3의 인물이 등장한다는 것은 개념상 불가능한 것이다. 그림에서 예수는 모든 의미에서의 중심이자 유일한 초점이다. 예수는 좌우대칭 화면의 중앙에서 2차원적인 화면의 중앙에 있기도 하지만, 원근법의 선 상의 가상적인 선들이 소실점으로 모이는 3차원적 공간의 개념적 중심이기도 하다. 예수가 3차원적인 이 세상의 공간적 차원을 넘어선 영

적인 지도자임을 생각하면 그가 4차원적 세계의 중심이기도 하다는 것을 생각해볼 수 있다. 이렇듯 인간인듯 인간을 넘어선 심오한 존재를 표현하면서 예수의 후광은 중세적인 원형 광배가 아니라 건물 뒷 쪽에 배치된 창문으로 대치되어 있다. 그의 신성을 인본주의적인 마인드로 표현한 것이다.

라파엘로가 반듯한 공간 속에서 고전적 가치를 높이고, 다 빈치가 반듯한 공간에서 기독교적 이미지를 그렸다면 15세기 유산으로 남아있

〈이상적인 도시〉로 알려진 15세기 패널 3쪽. 작가 미상, 우르비노 내셔널 갤러리

는 '이상적인 도시' 그림들은 당대 이탈리아 작가가 꿈꾸던 세상 속에서의 절대적인 질서를 그려내고 있다. 이 그림들 역시, 모두 의도적인 좌우대칭의 구도들로, 화면의 중앙에는 로마적인 로툰다, 혹은 개선문이 보인다. 현재 베를린에 소장된 이미지에는 기둥으로 이어지는 복도를 앞에 두고 소실점으로 저 뒤 바다에 떠있는 배들이 보이기도 한다. 앞에 놓인 탄탄한 길을 따라 끝까지 가면 다시 바다라는 열려진 세상이 우리를 기다리고 있는 미래지향적인 그림인 것이다.

이렇듯, 중세가 영적인 세상, 죽은 후 하늘나라의 모습, 아직 가보지 못한 추상적인 공간을 표현하는 데 집중해 있었다면, 르네상스 작가들은 손에 잡히는 세상의 언어로, 완전한 질서가 이 땅에서 실현될 수 있음을 말하고 있다. 이성적인 사고방식을 근간에 깔고 인간이 꿈꿀 수 있는 최선의 이상향, 유토피아를 이들은 공포하고 표명한다. 하나님이 주신 능력으로 눈에 보이는 모든 것에 질서를 부여할 수 있다는 자신감이 분출한 시대. 이보다 더 눈부신 시기가 인류의 역사에 또 있을까. 그들의 높은 이상과 확고한 신념, 분명하게 손에 잡히는 세계관과 드높은 긍지는 인류문화사를 통틀어 그 이전에도, 이후에도 발견되지 않는다. 이 그림들은 마치 "Yes, we can."이라고 외치고 있는 듯하다. 수학적이고 이성적이면서도 이상적인 아름다움을 담아내는 그림들은 가히 고전주의의 후계자이면서도 기독교적인 질서와 승리의 의미를 담아낸다.

02. 이성은 믿음에 이르는 도구 – 역설어의 기능

앞의 장에서 논의했다시피 '이성으로 세상의 혼란을 다스리고, 질서를 온전히 바로 세울 수 있다'는 믿음은 하나님께서 인간에게 주신 '땅을 정복하라'는 축복과 연관되었다. 물론 이성중심주의가 가지는 과거의 중세적 세계관과의 큰 차이가 있었고, 믿음의 영역과 논리의 영역 사이에서 일어나는 충돌 또한 있었을 것이다. 이성으로만 쏠린 인문학적인 경향이 기존의 기독교적인 신앙에 대치되는 것처럼 보일 수 있고, 많은 이들이 그 괴리를 강조하기도 한다. 하지만 이 이분법에서 기독교의 진리가 한쪽으로만 치우친 것은 아니다. 예수라는 존재는 '인성'과 '신성'을 동시에 가진 존재였다. 미술가들의 입장에서 르네상스 시대가 환기시킨 이성의 언어는 그간 강조되지 않았던 예수의 인성을 표현할 수 있는 훌륭한 통로이기도 했다. 이들에게는 이성 또한 믿음에 이르는 훌륭한 도구가 될 수 있다는 신념이 있었던 듯 하다. 이에, 우리는 미술가들이 '예수'의 신성과 인성과 미술에 모두 담아내려는 매우 도전적인 과제를 마주함을 목격하게 된다.

중세를 거쳐 많이 그려진 성모자상 중 두치오(Duccio di Buoninsegna, c. 1255-c.1319)와 지오토(Giotto di Bondone, 1265-1337)의 그림을 비교해 보는 것은 르네상스적 이성의 개입이 시작되던 역사적 갈림길을 보여주는 듯 하다. 두치오가 그린 성모자상은 전형적인 중세적 구도로 그려져 있다. 배경이 납작한 황금색으로 칠해져 있으며 마돈나는 아기예수와 함께 왕좌에 앉아 있다. 마리아의 몸은 마치 종이로 잘라넣은 듯, 납작하고 가벼워 보이고, 주위의 천사들도 마치 2차원적인 평면에서 컴퓨

두치오 〈루첼라이 마돈나〉 1285, 피렌체 우피치 갤러리
지오토 〈오그니산티 마돈나〉 c.1300-1303, 피렌체 우피치 갤러리

터로 잘라내기, 붙이기를 한 것처럼 하나가 다른 천사 위에 배치되어있다. 한마디로 앞/뒤의 개념이 없고 위/아래만 있는 2D 평면을 상정한다. 하지만 이에 비해 지오토의 마돈나는 3차원적인 공간의 느낌이 역력하다. 마돈나의 몸은 제법 육중해보이고 그 체중이 의자에 실려있음이 설득력 있게 제시된다. 그 뿐이 아니다. 그녀는 불룩하게 솟은 가슴을 가지고 있으며 그녀의 다리는 벌어져 있다. 지오토는 마돈나를 살집이 잡히는 살아있는 인간으로 표현하고 있는 것이다. 왕좌 주위를 보좌하고 있는 천사들도 더 이상 '위로' 움직이지 않고 '뒤로' 움직인다. 앞에 앉아있는 천사와 뒤에 앉아있는 천사가 3차원적인 공간감 속에서 납득이 되는 방식으로 그려진 이 마돈나는 중세적인 개념주의를 탈피하여 우리가 사는 3차원적인 물질 공간 속으로 이 만남의 장을 끌어들이고 있다.

지오토의 <마돈나>가 3차원적인 공간감을 암시하는데 그쳤다면, 작가가 아레나 채플(Arena Chapel)에 남긴 벽화들은 인본주의적인 면모가 한결 강화된 상태를 보여준다. '예수의 생애'를 그린 장면 중 <애도(Lamentation)>에서 인물들은 더 이상 납작한 비잔틴적 기호가 아니라, 실제 근육을 가진 인간으로 표현되는데, 이런 표현을 위해 부피감, 모델링, 입체감 등이 추가된 것을 볼 수 있다. 인체 뿐만이 아니다. 공간에서도 이런 삼차원적인 변화가 느껴지는데 여기서는 마치 연극 무대처럼 벽과 같은 구조물이 화면을 사선으로 가로질러 들어가면서 사람들이 움직일 수 있는 공간이 확보된다. 그 속에서 축 쳐져 있는 예수의 몸도 중력적인 무게가 느껴져 꽤 무겁겠다는 생각이 든다. 심지어 감정의 영역도 추가된다. 애도자들이 팔을 뻗거나 얼굴을 찡그리며 인간적인 감정 및 고통을 표현하고 있다. 뒷 배경도 더 이상 중세적이고 추상적인 '황금색 배경'이 아니라 '파란 하늘'이 그려져 있어 사뭇 의미심장 하다. 이제 중세의 개념적인 기호에서 벗어나 실제 세상 속에서 눈에 보이듯이, 손에 잡히듯이 그리고자 하는 작가의 의지가 분명히 드러나 '땅으로 내려온 기독교'를 보는 듯 하다. 눈에 보이듯 보다 실감나게 그림을 그리는 것에 대해 미술에서는 '환영', 혹은 '일루저니즘'이라는 단어를 쓴다. 선뜻 르네상스적인 정신으로 한걸음 다가선 지오토였지만 중세

지오토 〈그리스도를 애도함〉 아레나 채플, 1305-6, 이탈리아 파도바

적인 잔재에서 완전히 자유로웠던 것은 아니다. 특히 하늘을 날고 있는 아기천사들은 머리마다 후광이 둘러져 있어 지오토가 중세의 끝자락을 장식하고 있음을 보여준다. 지오토가 중세와 르네상스의 경계에 서 있는 선구자적인 인물로 널리 거론되는 이유이다.

원근법이라는 기법을 통해 화면의 삼차원성을 구성하는 방식은 '이성이 공간을 지배함'을 보여주는 역사상 가장 상징적인 발견 중 하나일 것이다. 마사치오(Massacio, 1401-1424)의 <삼위일체>는 '원근법'이 처음으로 적용된 회화로 알려져 있다. 앞서 '이상화된 도시' 그림들에서도 확인했다시피 원근법은 '이성적 지배'를 그 근간에 깔고 있는 조망의 방식이다. 앞서 지오토의 마돈나 아이콘에서 암시되긴 했지만 아직 애매한 구석이 있고 어렴풋했던 구석들이 이제는 수학적인 선 원근법의 적용으로 말끔히 해소되며 카메라의 렌즈인 양 명료한 시각을 보여준다. <삼위일체>에서 작가가 의도적으로 포함시킨 건축적인 요소는 공간의 질서를 확립해 주는데, 배경으로 마치 벽을 아치형으로 파낸 것처럼 그렸고, 그 건축적인 구조 안에 성부 하

마사치오〈삼위일체〉 산타 마리아 노벨라, 1427-1428, 이탈리아 피렌체

나님, 비둘기 형상의 성령, 십자가에 달린 예수를 차례로 배치하고 그 앞에는 십자가 앞에서 기도하는 두 성자, 그리고 궁극적으로 관람자의 공간에서 가장 가까운 곳에서 무릎을 꿇고 기도하고 있는 후원자를 그렸다. 하나하나의 거리감이 수학적인 전진의 법칙을 따르고 있기 때문에 교회 안 어느 지점엔가 서서 제단 쪽을 바라보며 모든 소실점이 맞으면 그려진 인물들이 서로 정확히 몇 미터 간격으로 위치하고 있는지 이성적으로 파악할 수 있게 된다.

단지 공간을 묘사하는 작업 뿐 아니라, 여타 중세적이고 신비주의적인 요소들도 이제 보다 인간적으로 교묘하고 세련되게 처리되고 있는 것을 볼 수 있다. 한 예로 여전히 많이 그려지고 있던 '후광'이 보티첼리나 레오나르도 다 빈치의 그림들에서 없어졌음을 볼 수 있다. 보티첼리(Sandro Botticelli, 1445-1510)는 성모의 존재를 암시하는

보티첼리, 〈프리마베라〉 c.1482, 이탈리아 우피치 미술관

캠핀 〈불가리개 앞의 마돈나〉
c.1430, 런던 내셔널갤러리

<프리마돈나>의 머리 뒤로 오렌지 숲 가운데 비치는 푸른 하늘을 반원형의 형태로 그렸는데, 이는 배경 풍경의 일부인 것처럼 보이면서 영리하게 이 여인의 특별함을 암시하는 후광의 역할도 하고 있다. 레오나르도 다 빈치(Leonardo da Vinci, 1452-1519)의 경우, <최후의 만찬>에서는 예수의 머리 뒤에 있는 창문이 예수의 후광 역할을 하고 있다. 의미적으로 남기되, 이성적으로 위배되지 않는 해결책을 찾고 있는 것이다. 캠핀(Robert Campin, 1375/1379-1444)의 <불가리개 앞의 마돈나>는 당시 플랑드르 서민의 집에서 일어나는 수태고지를 표현하고 있는데, 여기서는 뒤에 위치한 난로의 불가리개가 마돈나의 후광을 대변하고 있다.

이처럼 르네상스와 바로크 시대를 거치며 기독미술에서는 종교의 세계가 일상에 녹아들어가면서 '위장된 상징주의'가 점점 더 정교하고 세밀하게 발전하였다. 평범하게 그려진 사물들에 상징적인 의미를 부여하거나 암시하여 성서적 의미를 대변하였고, 그림의 의미를 보다 심오한 단계로 끌어올렸다. 이런 상징적 기호들의 거장을 꼽자면 아마 얀 반 아이크(Jan van Eyck, 1390-1441)일 것이다. 생각해 보면 상징을 사용하기 위해서는 작가 자신이 아는 것이 많아야 했다. 이것은 사물의 의미와 관련

된 단어 사용과 관한 문제였고 이는 '문학적인 능력'이기도 했다. 식견이 높고, 상징적인 의미들 간의 상호연결성을 알고, 문화를 이해하는 지식이 많아야 할 수 있는 지적인 작업이었다. 모든 미술가들이 다 '유식'하지는 않았기 때문에 통상적으로 널리 사용되는 상징들이 있었고, 이것들은 우리도 오늘날까지 알아볼 수 있는 것이 많다. 하지만 얀 반 아이크의 경우, 이 의미체계는 워낙 정교하고 또 당대의 문화적 배경을 근간으로 하고 있는 역사적인 것들이어서 우리가 오늘날 다 파악하지 못하는 것들도 많다. 한 폭의 그림 속에 상징적인 의미들을 구석구석 채우는 그의 성향은 그림을 하나의 보물상자처럼 만들었고, 그림의 비밀을 풀고싶어하는 학자들에게는 파고들어 풀어야 할 수수께끼들이기도 했다. 프린스턴 대학교의 파노프스키는 이런 상징적 의미들을 연구하기 위해 '도상학'이라는 학문 영역을 개척할 정도였다. 얀 반 아이크의 작품 중 <아놀피니 초상>(1434)는 그림에 담긴 도상학적인 의미를 풀이하는데 널리 거론된 작품으로 수십가지의 상징적 의미들이 그림의 구석구석을 채우고 있다. 예컨대 신발을 벗은 두 사람의 발은 거룩한 땅에 이들이 서있음을 의미하고, 대낮인데도 샹들리에에 켜져 있는 하나의 촛불은 그리스도를 상징한다. 개는 부부 간의 충절의 상징이요, 창가의 과일은 다산의 상징이며, 거울 옆의 묵주는

반 아이크 〈아놀피니 부부의 결혼 초상〉
1434, 런던 내셔널 갤러리

순결을 상징한다. 구석구석에 놓인 가구의 세밀한 조각들이 가지는 의미, 벽에 걸린 오목 거울을 장식하고 있는 세부 이미지들과 거울에 비친 이미지, 두 부부가 서로 잡고 있는 손이 그림 속에 그려진 위치까지 아무것도 우연은 없는 것 같은 이 그림은 하나의 소우주처럼 수없이 많은 의문과 해석에 열려있으며 이성적인 의미 만들기(meaning-making) 작업의 정교함에 대해 생각하게 한다.

한편, 도상학적 풀이가 가지는 한계들도 있었다. 그것은 기독교 자체가 안고 있는 심오한 진리가 의미 상의 한계를 내재적으로 안고 있는 일부 도상으로 해결되기 힘들 것임을 생각해보면 오히려 당연할 것이다. 예컨대 '상징'은 백합=순결, 개=충절, 과일=풍요/다산 하는 식으로 일반적으로 통용되는 '정답'이 있었다. 하지만 기독교에 내재되어 있는 가장 근본적이면서도 신비롭고 심오한 진리는 예수가 인성과 신성을 함께 가지고 있는 존재라는 것이었다. 이에 예수의 '인성'과 '신성', 그리고 그 '동시성'을 어떻게 이해하고 표현하느냐 하는 것은 미술가들을 곤혹스럽게 만든 문제였다. 예수의 신성에 더 주목하는 부류가 있었고, 예수의 인성에 더 주목하는 작가들이 있었다. 예컨대 이탈리아 르네상스 작가인 라파엘로와 북유럽 르네상스 작가인 그뤼네발트는 <십자가 처형> 장면을 다루는데 있어서 그 입장이 매우 달랐음을 볼 수 있다. 라파엘로는 예수의 신성이 이 세상에 존재하지 않을 것 같은 아름다움으로 강조된다. 예수 및 십자가 아래서 기도하는 자들은 아름다운 옷을 입고 날아갈 듯 우아한 몸짓으로 마치 포즈를 취하듯 기도를 하거나 예수를 올려다보고 있다. 십자가 위에 달려있는 예수는 좌우로 천사들이 있으며 화면 전체는 평온하다. 예수의 얼굴 또한 좀 힘이 없는 듯 기울어져 있기는

라파엘로 〈십자가 처형〉 1502-3,
런던 내셔널갤러리

그뤼네발트 〈이젠하임 제단화〉 c. 1513-15,
프랑스 운터린덴박물관

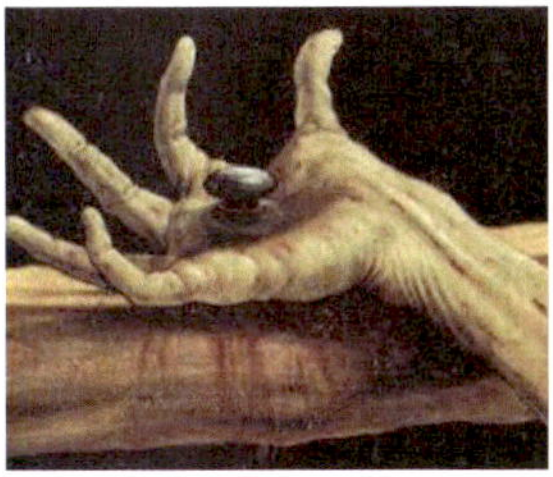

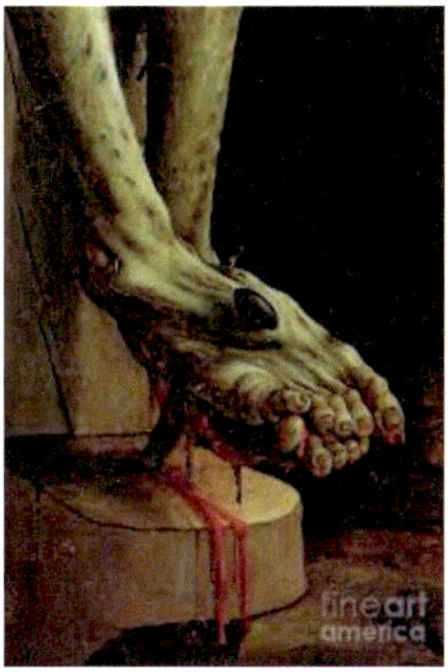

그뤼네발트는 십자가 처형으로 처참하게 손상된 예수의 몸을 보여줌으로써 '인간 예수'를 강조한다.

하나 극심한 고통은 없다. 그의 몸은 깨끗하고, 옆구리의 상처에서 나오는 피도 아주 조그맣고 예쁘게 그려져 있다. 반면, 그뤼네발트의 그림을 보라. 그뤼네발트의 입장은 온전히 인간 예수에 집중한다. 불안과 긴장감, 압도적인 슬픔이 화면을 지배한다. 예수의 육신은 두 눈을 뜨고 볼수 없을만큼 끔찍하다. 팔과 다리, 상체와 얼굴까지 그의 온 몸은 찔리고 긁힌 상처투성이로 십자가의 모욕을 느끼게 해 준다. 못 박힌 손과 발은 원래 모습이 아니라 이상하게 뒤틀려 그 형태가 왜곡되어 있다. 열 손가락의 끝까지 고통으로 꼬부라져 있으며, 얼굴은 눈을 감은채 극심한 고통을 견디며 입술 주변이 하얗게 변해있다. 산 채로 두 손과 발이 못에 박혀 자신의 몸무게에 팔이 뒤틀리며 늘어나고 급기야 피부가 찢어지며 피가 빠지는 참혹한 현장을 그뤼네발트는 우리에게 목격하게 한다. 지극히 육신적인 고통을 감내하고 있는 '인간 예수'를 표현하고 있는 것이다. 이탈리아 바로크 시대의 작가인 카라바지오 역시, 부활한 예수의 옆구리 상처를 손으로 직접 만져 보고서야 믿게 된 제자, 도마의 입장에 서서 그림을 그렸다. 이들은 살과 피를 가진 예수, 즉 우리가 만질 수 있고, 볼 수 있는 물리적인 경험에 호소하며 인간 예수를 말하고 경험이나 경험에 근거한 이성이 신앙에 거부되는 것이 아님을 말한다. 그렇다면 예수의 신성인가, 인성인가? 정답은 신성만도 아니고, 인성만도 아니

카라바지오 〈의심하는 도마〉 1602-03,
포츠담 상수시궁

었을 것이다. 일부 미술가들은 이 두 가지 모순적인 개념을 함께 담아내야 하는 숙제가 있다는 것을 알고 있었던 듯 하다.

한편, 그림의 주제 상, 이런 고민을 특별히 부각시키는 주제들이 있었다. 예컨대 '수태고지'나 '부활한 예수' 같은 것이다. "성령으로 잉태하사 동정녀 마리아에게서 나셨다"거나 "십자가에 못박혀 죽으시고 장사한 지 사흘만에 죽은 자 가운데서 다시 살아나셨다"는 2가지의 모순된 성격은 예수의 인성과 신성을 모두 말할 수 있어야 하는 어려운 주제였다. 이 내용을 미술로 어떻게 전달할 수 있는가? 언어 상으로도 이런 개념을 지칭하는 단어가 있다. 역설어, 곧 옥시모론(oxymoron) 이다. 두 가지 상반되는 개념이 공존한다는 이 표현은 우리 주위에도 있다. '조용한 외침' '지난 뉴스' '워킹 홀리데이' '유일한 초이스' 등과 같은 단어들이 여기에 해당된다고 하겠다.

일단 '수태고지' 장면을 보자. 일본어식 표현이기는 하지만 '수태고지'란 명칭으로 널리 통용되는 이 장면은 예수님의 탄생을 설명하는 이야기로, 예수의 어머니인 마리아가 천사 가브리엘로부터 '성령으로 잉태' 할 것임을 알게 되는 장면을 말한다. 다시 말해, 마리아는 남자를 가까이 하지 않았는데 임신이 되었고, 이는 성령으로 된 임신이었으며 이로써 신이신 예수님이 인간 마리아의 몸을 통해 인간의 몸으로 세상에 오셨다는 내용이다. '동정녀 마리아'라는 단어 자체가 내포하듯이 이것은 개념 자체의 모순을 태생적으로 안고 있다. 논리적인 차원에서 설명이 안 되고, 이성적으로 납득할 수가 없는 이 장면을 어떻게 전달할 수 있겠는가. 일단 성령은 차치하고, '여자의 몸에 생명이 잉태하는 순간'이란 눈에 보이는 것도 아닌데, 이렇게 어려운 내용을 어떻게 그린단 말인가.

앞서 <불가리개 앞의 마돈나>로 잠시 언급한 캠핀의 경우를 다시 보자. <메로드 제단화> 3개의 패널 중 중앙 패널이 수태고지 장면을 담고 있다. 르네상스 작가답게 당대의 컨템포러리한 감성이 이 그림에 녹아 있다. 예컨대 창 너머에는 '그들의 세상,' 다시 말해 15세기 플랑드르 도시의 모습이 보인다. 마리아가 천사 가브리엘을 맞이하고 있는 방도 동시대의 인테리어로 꾸며져있다. 난로를 가리던 불가리개의 스타일도 당시 사용하던 물건의 디자인이다. 각종 가구와 기물들은 작가가 살고 있는 세상에 실제로 존재하는 기물들로 성서의 이야기가 멀리 있지 않고, 늘 현재진행형으로 '우리의 세상 속에' 살아있음을 강조한다. 얀 반 아이크의 경우처럼, 여기서도 각 기물들은 여러 도상학적인 의미들로 해석이 된다. 예컨대 배경에는 당시 신부들이 미사 전에 손을 닦던 주전자와 수건이 걸려있어 이곳이 몸을 정결하게 해야 할 거룩한 장소임을 알려준

캠핀(Robert Campin) 〈메로드 제단화〉 삼면화의 중앙 패널과 세부 이미지, c. 1425-28, 뉴욕 메트로폴리탄미술관

다. 16명의 히브리 선지자들을 의미하는 16각형 테이블 위에는 책과 두루마리가 놓여 있어 각각 구약과 신약을 상징한다. 흰 백합은 마리아의 순결을 상징한다. 여기서 마리아는 겸허함으로 바닥에 앉아있는데, 그녀가 성경과 함께 들고 있는 흰 천은 예수의 수의를 암시하며, 그녀의 치마에 주름이 빛에 반사되면서 만들어내는 별 모양은 그녀가 '별 중의 별'임을 보여준다. 심지어 막 꺼져 연기가 피어오르는 촛불이 지금 이 순간에 이 사건이 일어나고 있음을 보여주며 관람자의 주의를 환기시킨다. 그런데 정작 이 시점에 성령으로 잉태되었다는 모순적이고도 가장 핵심적인 메시지는 어떻게 표현했을까?

그림을 자세히 보면 화면 왼쪽에 작고 둥근 창문이 있고 창문에서 빛줄기가 비친다. 그리고 작은 무엇인가가 날아들어오고 있다는 것을 알 수 있다. 매우 자그마하고 세밀하게 그려진 대상은 가까이 다가가서 보면 십자가를 어깨에 메고 방으로 날아 들어오고 있는 작은 아기이다. 상상할 수 있는가, 이렇게 숙연하고도 리얼한 장소에 마치 만화 주인공이라도 나타난 듯 날개도 없이 씽~ 하고 십자가를 메고 날아 들어오는 아기 그림이라니! 성령이 임하여 잉태하였다는 장면을 작가는 고심 끝에 이렇게 표현한 듯하다.

이후 이런 고민을 보다 지적으로 해결한 예들도 곳곳에서 발견된다. 영국 내셔널갤러리 소속의 레더웨이(Chloë Reddaway) 박사는 <기독교 미술의 담대함(The Audacity of Christian Art)>이라는 전시를 통해 이런 미술가들의 노력을 미술관 컬렉션을 통해 설명한 적이 있다.[05] 예수의

05 The Audacity of Christian Art film series, https://www.nationalgallery.org.uk/

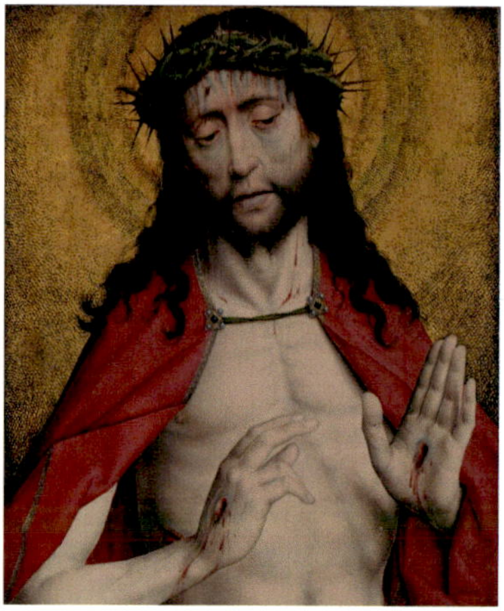

부츠 〈가시관을 쓴 그리스도〉
c 1470, 영국 내셔널갤러리

신성과 인성, 천상과 지상을 패널의 작은 화면 안에 모두 담아내야 하는 과제 앞에서 미술가들은 각기 창조적인 해답으로 반응한다. 때로는 커튼을 드리워 천상과 지상의 두 공간을 나누면서 동시에 병치시키기도 하고, 캐노피와 같은 구조물을 만들어 그 천막 안은 성스러운 공간임을 암시하기도 한다. 때로는 배경과 대상의 어울리지 않음을 통해 이런 메시지를 전하기도 한다. 배경에는 물동이를 이고 고된 노동을 하고 있는, 파라다이스와는 거리가 먼 일상을 그려놓고, 화면의 전경에는 화려하고 아름다운 드레스를 입고 있는 마리아의 신성을 담아낸다는 식이다. 전경과 후경의 논리는 그 반대로도 작용하여 가시면류관을 쓴 상처투성이의 예수가 손에 난 상처를 보여주는데, 그가 벗은 어깨 위로는 붉은색 화려한 망토를 걸친 채 화려한 금색을 배경으로 빛을 발하고 있는 모습으로 드러나기도 한다.

이들은 모두 '공존할 수 없는 두 세상이 하나임'을 말하고 있다. 결국 이런 시간적, 공간적 모호함은 '여기가 이 세상이면서도 천상인, 그리고 동시에 여기는 그 둘 중 어느 쪽도 아니라는 것'을 보여준다. 때로 미술

research/about-research/art-and-religion/the-audacity-of-christian-art-film-series, Accessed June 5, 2023.

가들은 그들이 마스터 한 원근법을 의도적으로 혼란스럽게 그려 공간의 모호함을 만들어내기도 하고, 중력이 느껴지지 않는 그림을 남김으로써 설명되지 않는 신비의 여지를 남긴다. 건축물이 대단한 규모로 인상깊게 그려져 있는데 마치 시각 착란을 의도한 그림처럼 보면 볼수록 기둥들의 위치가 이상하고, 관람자는 중심을 잃게 된다. 혼란을 의도적으로 야기하는 이 그림은 보면 볼수록 납득이 안 되어 결과적으로는 신비롭게 여겨진다. 관람자들이 그림을 보고, 다시 보면서 이 공간이 보통 공간이 아니라는 것을 알기를 바라는 것이다. 때로는 규명되지 않는 애매한 영역 남기거나 완성되지 않은 그림을 통해 상상의 여지를 남기기도 한다. 한 예로 미켈란젤로의 미완성 그림들은 그것이 의도되었든 아니든 간에, 일부 화면이 빈 공간으로 남으면서 인물들이 중력을 거부하는 듯 공중에 떠 있어 보다 초현실적인 분위기를 자아낸다. 예수의 몸이 어떻게 작동하는지 3차원적으로 설명이 안 되는 이 장면들은 무게를 부인하고 모든 것이 부유하면서 거의 꿈결에서 보는 장면처럼 여겨진다. 미완성 자체가 하나의 신학적 의견이 되는 지점이다. 그래서 부활의 신비가 환상처럼 보여지는 케이스라 하겠다. 이런 일련의 전략들은 그림을 통해 상상의 여지를 남기고, 그 너머를 보도록 유도하고 있다. 이런 의미에서 리베르티(Ercole de' Roberti)의 <사망한 예수(The Dead Christ)>(c. 1490)도 거론할 만하다. 이 그림 역시, 매우 계산된 방식으로 시간적 공간적 구분을 무력화시키고, 이를 한 화면에 병치시켰다. 무덤에서는 부활한 예수가 천사들의 도움을 받으며 관을 열고 막 나왔는데, 이 장면을 눈 앞에서 보며 실제 증인이 되고 있는 사람은 4세기 성직자이자 신학자인 성 제롬(히에로니무스)이다. 멀리 있는 언덕 위에는 12세기 성 프란치스코가 못

로버티, 〈그리스도의 죽음〉1490s,
영국 내셔널갤러리

박힌 예수의 환상을 보며 예수와 같은 스티그마의 상처를 얻고 있는 기적이 벌어지고 있고, 그 위로는 십자가 처형이 진행되고 있다. 결국 이 그림은 일반적인 시간의 개념을 넘어선 해석을 요구한다. 시간상으로는 여러 시간대인데 모두 하나의 동일한 사건이 되는 것을 보여준다. 예수의 십자가 처형이 의미하는 바를 통시적인 역사의 관점에서 조망하는 영적인 시야를 제안하고 있다.

이처럼 르네상스 시대 작가들은 이성이 지배적인 덕목으로 떠오른 시대에 이성으로는 설명이 안 되는 부분을 그림 속에 의도적으로 만들어냄으로써 이성을 넘어선 세계에 대해 말하려는 어려운 시도를 해야 했다. 이들에게 이성은 반드시 믿음의 반대쪽에 있는 것은 아니었다. 오히려 이성은 믿음을 위한 도구로, 이성의 허약한 지점을 몸소 드러내 보인다. 납득이 안 되는 부분을 일부러 남김으로써 생각할 여지를 남기는 것이다. 르네상스 미술에서의 역설적인 병치 기법도 이처럼 모순에서 끝난다기보다는 모순 너머의 세상을 다 못 담아내는 인간 언어의 한계를 의도적으로 보임으로써 믿음을 섬기고 지지하고 있다. 많은 르네상스 그림들에서 우리는 이성과 믿음의 동질성에 대한 믿음을 본다.

Art Church Bible

IV

오직 은혜
(Sola Gratia)

01 뒤러와 크라나흐 -다시 성경으로

02 미켈란젤로 케이스

IV.
오직 은혜(Sola Gratia)

01. 뒤러와 크라나흐 – 다시 성경으로

앞서 II 장을 통해 천국과 지옥에 대한 사람들의 이해가 변모되어 온 과정을 미술 작품을 통해 일부 살펴보았다. 처음에는 오로지 천국의 이미지밖에 안 보이지만, 중세를 거치며 지옥의 이야기가 미술의 주제로 등장한 것을 보았고, 또 지옥이라는 주제가 미술가들에게는 상상의 나래를 발산할 수 있는 환상적인 출구가 된 정황을 보았다. 이성의 영역이 점점 부각되는 르네상스 시대를 거쳐 이성은 개념이 가능케하는 완전함의 자랑스런 표상이 되기도 하였지만, 동시에 그 반대의 결과를 가져오기도 했다. 현실은 이성의 완전함과는 거리가 멀었고, 모순, 정치적 부패, 질병, 종교계의 위선으로 가득차 있었기 때문이다. 역사의 장대한 흐름 속에서 거대하게 축적되어가는 불만과 긴장의 에너지는 우리가 살펴본 <최후심판도>들에서도 역력하게 드러나 보쉬에 이르러 세상은 악의 세력이 지배하는 지옥의 공간으로 변모되었음을 볼 수 있었다. 이런 긴장감은 급기야 종교개혁이라는 큰 사건으로 이어지며 세상과 교회를 바꾸는 계기가 되었다.[06] 점점 조직화 되면서 인습을 가지게 된 교회에 대해 상식적인 생각, 이성적인 판단이 미치게 된 것이다. 이런 의미에서 르네상스 인본주의는 종교개혁으로 발전된 가장 중요한 비종교적인 요소였다.

뒤러(Alfred Dürer, 1471-1528)는 종교개혁이 루터에 의해 실행된 시대에 살았으며, 크라나흐(Lucas Cranach, 1472-1553)과 더불어 종교개혁을 위한 작품 제작 및 포스터 제작에 동참한 인물이었다. 그래서 뒤러에 이르러 '최후의 심판'은 지금까지의 인습에서 근본적으로 달라진 성격으로 나타난다. 사실 '최후의 심판' 이미지는 종교개혁의 차원에서 예민한 주제였다. 당시 지옥이 성직자들의 강력한 협박용 무기로 작용하기 용이했는데, 이는 성직자들만이 영혼을 지옥으로부터 구제할 수 있는 침례의식과 면죄식을 주관할 수 있는 권력을 지녔기 때문이었다. 한 사람의 구원 여부를 좌지우지한 교회에 반대하여 루터와 칼빈, 이 두 종교개혁자는 하나님의 절대적인 우월성과 위엄을 강조하는 신학을 주장하였고, 이에 성례의식, 순례여행, 면죄부, 경건한 자선행위와 같이, 카톨릭 교회에서 구원을 보장받을 수 있는 수단으로 선전되는 요소들에 기대지 않았다. 다시 성경으로 돌아가고자 하는 움직임은 '최후의 심판' 이미지를 이해하는 차원에서도 적용되었다. 이들의 신념은 도상학적인 차원에서 볼 때 지금까지 만들어 온 '최후의 심판' 도상들을 완전히 무시하는 결과를 낳았는데, 이는 저자가 앞서 설명한 대로, 이 도상의 구조는 애초부터 '여러 이야기를 한 화면에 담은 하나의 인습'이었기 때문이다.

---

06 이 단락의 내용은 다음의 졸고에서 보다 자세한 레퍼런스들을 찾아볼 수 있다. 신채기, 미술사를 통해 본 '최후의 심판' 도상 연구 II -남유럽 르네상스와 북유럽 르네상스-, 〈신앙과 학문〉 22(2), 115-140.

최후의 심판을 '성경에 적혀진 사건'으로 이해하려는 뒤러의 의지는, 규범화된 최후의 심판 도상을 그리는 대신 요한계시록의 장면 장면들을 나누어 그리는 결과로 나타났다. 성경 속에서는 사건들이 동시적으로 한 순간에 일어난 것이 아니라, 일어나는 순서가 있었기 때문이다. 이에 뒤러는 요한계시록의 제목이 담긴 표지를 만들고 요한계시록의 순서를 따라 그림을 하나씩 그려내었다. 그 결과는 <4명의 기마인> (요한계시록 4:2-8), <5번째와 6번째의 책을 떼고 별들이 떨어지며 순교자들은 흰 가운을 받음>(요한계시록 4:9-15), <해를 입은 여인과 7개의 머리를 가진 괴수> (요한계시록 12: 1-16) 같은 판화 작업들이었다. 이 중 <4명의 기마인>은 특히 당대 교황에 대한 직접적인 비판으로 눈길을 끈다. 이 이미지를 구성하고 있는 4명의 기사는 전염병 페스트의 기사, 전쟁의 기사, 기아의 기사, 그리고 죽음의 기사이다. 그런데 달리는 말발굽 아래 교황의 모자를 쓴 인물이 입을 벌리고 동공이 열린 채 쓰러져 밟히고 있는 모습이 포함되어 있다. 인간의 재난과 악의 세력을 막아내기에 무력한 교황, 그리고 더불어 상대적으로 약화되고 있는 교황의 권력을 작가는 표현하고 있는 것이다. 이로써 뒤러는 인습으로 굳어진 기존의 틀을 벗어나 장면 장면이 이어지는 하나의 책으로 최후의 심판 주제를 완성한다. 규범과 제도를 뒤로 하고 오직 성경, 오직 말씀으로 돌아가 다시 시작해야 한다는 이들의 결연한 각오가 느껴지는 대목이다.

이에 반해 크라나흐(Lucas Cranach)는 보다 창의적으로 최후의 심판 도상을 새로이 구축한다. 크라나흐가 남긴 <율법과 은총>은 '최후의 심판'이라는 제목을 가지지 않으면서 그간 그 도상이 담아온 내용을 재해석하여 제시한 흥미로운 예가 되겠다. 루터의 절친한 친구로 종교개혁

(요한계시록 4:2-8)

뒤러 〈계시록-4마리의 말을 타는 사람들〉, 1496-98

(요한계시록 4:9-15)

뒤러 〈계시록-다섯 번째와 여섯 번 째 인을 떼다〉, 1496-98

루카스 크라나흐, 율법과 은혜, c. 1529, 패널에 유화, 슈로스무제움 소장

의 주된 메시지를 미술에 담아내는데 크게 공헌했던 크라나흐는 무엇보다 과거의 상하좌우 논리로 위계질서를 강조하던 최후의 심판 구도를 없애고 단순화된 구도로 마치 이야기를 들려주듯이 심판의 메시지를 풀어가고 있다. 중앙에 선 커다란 나무를 중심으로 화면의 왼쪽은 율법, 오른쪽은 은혜를 강조하는데, 이는 '구원'의 문제를 천국과 지옥으로만 이분화 하여 이해하던 과거의 방식과 다른 시각으로 접근하고 있는 작가의 생각을 반영한다. 그림에서 나무의 왼쪽은 잎이 떨어져 시들어 있어 율법으로는 죽음 밖에 없다는 메시지를 전하고 있다. 비록 선하게 살려고 노력하였을지는 몰라도 모세가 들고 있는 율법판에 의거하여 의인은 있을 수 없다는 점을 강조한 것이다. 그림에서 예수는 오른쪽 상단에는 빛

나는 노란색에 싸여 있으면서 동시에 그 아래에는 십자가에 못박힌 모습으로 나타난다. 세례 요한이 예수를 가리키고 있고, 한 신도가 예수를 향해 두 손을 모으고 있는데, 십자가에 달린 예수의 옆구리 상처에서 신도 쪽으로 피가 뿜어져 나오고 있다. 십자가에 달린 예수의 발치에는 어린 양이 한 마리 그려져 있는데 순하게 생긴 양은 놀랍게도 흉칙하게 생긴 괴물을 그 발 아래 밟고 있어 예수의 십자가 희생으로 사탄을 이기고 승리한 사실을 확인한다. 이로써 구원은 성직자의 용서나 면죄부를 구입하는 대가, 교회를 지어 봉헌했다거나, 이 세상에서 이룬 선행 때문이 아니라 오직 말씀(sola scriptura), 오직 믿음(sola fide), 오직 은혜(sola gratia)라는 메시지를 반영하고 있다. 이미 '천국에서의 자리가 보장된' 장로들로 위계질서가 느껴지던 과거의 화면에서 탈피하여 예수님과 구원받을 주인공 개인에 더 초점을 두고 그려진 이 화면은 구원이 은혜를 통한 개인적인 것임을 보여주고 있다. 패널에 그려진 유화 작품뿐 아니라 목판화로도 제작되어 보다 많은 사람들에게 복음의 메시지를 확산시킨 이 작품은 가톨릭과 개신교의 교리적 차이를 가장 뚜렷하게 보여주는 이미지 중 하나라고 하겠다.

관련하여 뒤러의 <기도하는 손>도 일반인에게 널리 알려진 이미지이다. 기도 포스터로 제작됨은 물론, 책의 표지나 커피 잔과 같은 각종 제품을 장식하는 이미지로 오늘날까지 주변에서 쉽게 눈에 띄는 작품이다. 작업 자체는 작가가 프랑크푸르트에 있는 제단화를 그리기 위한 준비작업으로, 혹은 제단화 작업에 대한 개인적인 기념으로 보관하기 위해 1508년경 그린 드로잉으로 추정된다. 작가가 손수 제작한 파란색 종이에 검정색 잉크와 흰 하이라이트 기법으로 그려져 있으며, 작가의 형

뒤러 〈기도하는 손〉 c. 1508,
비엔나 알베르티나

제 중 한 명의 손을 모델로 한 것으로 전해진다. 이 이미지 역시, 숭배의 대상이 되는 종교적인 아이콘이나 우상이 아니라, 우리에게 늘 기도에 힘써야 한다는 삶의 방식에 대한 리마인더로 작동한다. 그 자체로서 기독미술의 새로운 접근방식과 형식을 보여주고 있는데, 전시나 판매를 목적으로 제작한 작품은 아니었기에, 기도하는 자는 하나님의 능력을 본다는 작가의 개인 기도 같은 그림일 수도 있겠다.

결국 종교개혁을 거치며 뒤러나 크라나흐와 같은 작가들은 개신교 교리에 충실한 메시지를 담기 위해 과거의 인습화된 '최후의 심판' 도상을 완전히 버리고 새로운 작업을 했던 것을 볼 수 있다. 이들의 작업은 요한계시록 이미지를 여러 장면으로 나누어 성경에 적힌 대로 그려서 보여주거나, 오직 예수의 은혜로 구원을 받는다는 점을 강조했다는 점에서 지옥의 공포를 조장하던 과거의 작업들과 크게 구별된다.

같은 시기에 미술계를 주름잡았던 한 인물로 미켈렌젤로가 있다. 미켈란젤로는 이탈리아 출신으로 북유럽을 중심으로 일어난 종교개혁과는 물리적인 거리감이 있었으며, 오히려 이탈리아의 가톨릭 교단이 사용하고 싶어하는 재능으로 러브콜에 불려 다녔다. 하지만 미켈란젤로 역시 카톨릭 교단의 부패를 느끼고 있었으며 그 횡포에 시달리기도 했던 것 같다. 성격 또한 고분고분한 성격이 아니고 몹시도 고집이 강한 인물이었다. 미켈란젤로의 최후의 심판은 그 시대가 겪었던 갈등만큼이나 이질적이고 상이한 요소들을 복합적으로 담아내는 복잡한 구조를 가지고 있다. 종교개혁 이후 반종교개혁이 시작되는 과도기의 혼란한 시대를 살았던 미켈란젤로의 개인적이고 사회적인 경험이 그의 작품에 어떻게 녹아 있는지 살펴보도록 하겠다.

02. 미켈란젤로 케이스

종교개혁이라는 엄청난 사건을 겪으며 로마 카톨릭과 개신교로 나뉘게 되는 교회 역사의 배후에서 이탈리아 미술계와 북유럽 미술계 또한 큰 홍역을 치르며 미술계의 변화를 목도하게 된다. 종교개혁 이후 이탈리아는 종교개혁에 반한 반종교개혁의 움직임을 보이고, 북유럽은 과거 종교미술의 전통과 완전히 결별하는 새로운 시작을 맞게 된다. 사실 카톨릭과 개신교는 구원에 대한 해석 뿐 아니라 이미지의 사용에 있어서도 입장이 달랐다. 카톨릭은 교회를 장식함으로써 신도들의 영혼을 고양시키고 신앙적 경험을 강화할 수 있다고 믿었던 반면, 개신교는 이런 이미지들이 하나님의 진정한 존재하심을 이해하는 데 방해가 되고 자칫 우상이 될 수 있다고 우려하였다.

미켈란젤로(Buonarroti Michelangelo, 1475-1564)의 최후 심판도는 다양한 가치관들이 충돌하는 현장에서 작가가 창조해 낸 작품으로 과도기의 혼란과 가치충돌을 그대로 담고 있다.[07] 미켈란젤로가 그린 최후

---

07 Ibid.

미켈란젤로 〈최후의 심판〉 시스티나 성당, 1536-1541, 로마 바티칸

의 심판은 루터의 종교개혁이 20여년 지난 이후 그려졌다. 독일의 루터에 이어 프랑스의 칼뱅이 종교개혁을 주장하던 시기에 교황 바오로 III세는 미켈란젤로를 1534년에 불러들여 반종교개혁의 일환으로 최후의 심판 벽화를 그리도록 주문하였다. 하지만 미켈란젤로는 개신교 성향이 있으면서 카톨릭 내부에서의 변화를 노력하던 여자 친구 비토리아 코로나(Vittoria Colonna)를 사귀고 있던 중이라 개신교 사상에 대해서도 알고 있었으며, 정통적인 기독교 교리를 따를 만큼 독실한 신도도 아니었다. 비사회적이고 외골수적인 성격으로 유명했던 그가 교황청과 사람들과 마찰 없이 지냈던 것도 아니다. 일견 미켈란젤로의 <최후의 심판>은 기존의 도상이 가지고 있던 전통적인 요소들, 다시 말해 심판자 예수, 십자가나 채찍질 당한 기둥, 가시면류관과 같은 수난의 도구들, 예수를 둘러싼 천사와 성자의 모습으로 천국의 반열에 함께 선 순교자들, 축복 받은 자와 저주 받은 자로 나뉘는 기본적인 대칭 구도, 나팔 부는 천사들과 생명책의 모습 등과 같은 요소들을 모두 가지고 있다. 하지만 전통이나 로마카톨릭 교리에 대립될 만한 요소도 그의 그림에는 많았는데 이는 다음과 같다.

우선 미켈란젤로는 심판자 예수의 모습으로 수염도 없는 우람한 남성 누드를 그려넣었다. 이 이미지는 당시 교황청 미술 컬렉션에도 있었던 그리스 조각 <아폴로 벨베데레(Apollo Belvedere)의 모습에 비견되는 해부학적으로 완벽한 이상화된 남성 누드였다. 태양처럼 빛나는 아폴로의 모습은 이로써 '정의의 태양'인 그리스도의 이미지와 중복되며 기독교적 의미와 이교도적 의미가 오버랩되는 복선적인 기호로 작동한다. 예수 뿐 아니라 그림에 등장하는 모든 남성들의 인체가 누드로 그려졌

다. 일반적인 방식은 앞서 살펴보았듯이 천국에서는 옷을 입는 것이 관례적인 표현이었고 그 중에는 성직자들의 의복을 입은 사람들도 등장하였다. 하지만 모두 누드로 표현된 미켈란젤로의 이미지는 오히려 세상에서의 사회적 지위나 종교적 계급은 심판에 반영되거나 적용되지 않는다는 교리적인 해석을 가능케 하여 반종교개혁의 메시지에도 도전하고 있는 듯하다. 천사, 순교자들과 같은 '성스러운 존재들'도 전혀 국부를 가리지 않은 채 그려졌다. 천사들은 옷도 없지만 날개도 없어서 우리는 이들이 수행하는 일을 통해서 이들이 천사임을 짐작할 따름이다. 이런 고전적인 누드에 대한 작가의 관심과 고집은 당시 로마 카톨릭 교회의 기본적인 정서에 어긋나는 것이었는데, 이 점은 1545년 트렌트 공의회(Council of Trent)에서 종교화에 있어서 누드의 사용을 금지한 것을 보더라도 알 수 있다. 이런 점에서 일찍이 미켈란젤로의 친구인 바사리(Vasari)가 '최후의 심판'이 지니는 '정통성'을 강조한 이유는, 바로 이 그림의 '비정통성'을 본 후, '그의 재능 있는 친구를 교권의 횡포로부터 보호해주기 위해서' 였다는 스타인버그의 이론은 설득력이 있다(Steinberg, 1980: 445). 현재 남아있는 벽화에 그려진 국부를 가려주는 천 조각들은 후에 교황의 지시에 의해 첨가되어진 것이다.

또, 종교개혁 후, 어느 때 보다도 성서적인 교리 확립에 민감하던 시기에 작가는 공공연히 섀론(Charon) 같은 이교도 전설에 나오는 인물을 뱃사공으로 그려넣음으로써 이 그림 전체를 하나의 우화처럼 만들어버렸다. 마돈나는 중재자라기에는 너무 구석에 위치해 있을뿐더러 아주 작고 겁에 질린 듯 몸을 움츠리고 앉아있으며, 예수의 자세도 앉은 건지, 선 건지 파악이 안 되는 엉거주춤한 자세이다. 예수는 자신의 오른손을 들며 눈을 감은 채 고개를 왼쪽으로 돌리고 있는데, 이는 마치 축복받은 자를 외면하고, 저주받은 자를 축복하는 모순적인 모습으로도 보여진다. 게다가 원래 한 권인 생명책은 두 권이 되었는데 그 중 한 권은 얇고 작으며, 다른 한 권은 두껍고 크다. 일찍이 많은 미술가들이 지옥의 고통스런 고문 과정을 보여준 것과는 대조적으로 육체적인 고문은 여기서 발견되지 않는다. 하지만 그럼에도 불구하고 모든 저주받은 인물들은 근원을 규명할 수 없는 심리적인 두려움의 극한을 보여줌으로써 멸망의 공포를 표현하고 있다.

구도는 천국과 지옥의 구분이 없이 온통 뒤섞여 있어서 그 경계가 어딘지 구분하기가 어렵고, 지옥의 입은 바로 제단 위에 있어서 그 앞에서 교황이 설교라도 하려고 하면 그는 그림의 위치 상 지옥의 영역에 속하는 결과를 초래하게 되는 아이러니를 가지고 있다. 르네상스 작가들이 구체적인 인물의 초상을 최후심판 이미지에 포함하던 전례는 미켈란젤로에 이르러 교황비서에 대한 개인적인 공격으로 대두한다. 유독 교황청의 의전부장 비아지오 다 체세나(Cesena)의 얼굴을 지옥에 그려 넣고 그 몸을 뱀으로 칭칭 감았으며, 성기를 뱀이 무는 것으로 그려놓았다. 그것도 부족해서 그 주변으로 혀를 내밀며 약 올리는 얼굴까지 더해 놓았다는 점은 이 이미지가 가지는 풍자적이고 정치비판적인 면모를 강조한다.

돌아보건대 고전 미술과 이상적인 누드에 대한 미켈란젤로의 열망은 이교도와 기독교 사이의 대립을 의미했으며, 이는 단테를 포함한 르네상스 인문학자들로부터 그가 받은 영감에 있어서도 그러했다. 미켈란젤로의 작업에서 발견되는 많은 모순점들에서 우리가 얻을 수 있는 결론은 무엇일까? 그것은 역시, 그가 과도기적 시기에 이질적인 가치들이 첨예하게 부딪히는 현장에 있었으며 상이한 가치들을 선별적으로 수용하는 과정에서 만들어낸 중간지점이라는 내용일 것이다.

미켈란젤로는 전통적인 가치들에 담긴 도상들의 형태를 조금씩 어긋나게 함으로써 새로운 출구를 열수 있었고 자신만의 언어를 표출했다. 이에 이 작업은 종교개혁의 원인이 된 교권에 대한 개신교적인 비판 의식과 더불어 반종교개혁의 취지에 맞는 화려한 교회 장식 작업과 교황의 요청에 순응해야 했던 고민을 담고 있다고 해석되어야 할 것이다. 비록 교황청의 주문에 응했지만 그들이 하는 모든 일에 동의하지 않았고, 중세의 사고적 굴레에서 벗어나 자신의 입장을 공공연연히 표현할 배짱까지 있었던 작가가 미켈란젤로였다.

이후 이탈리아를 중심으로 발견되는 반종교개혁 미술은 로마가톨릭 교회가 권위에 대한 자신감을 되찾게 되면서 미술에 담긴 교육적, 영감적 힘에 동의하고 종교적 이미지 제작에 관한 가이드라인을 제공하는 데서 시작하게 된다. 바로크 시대의 미술은 과거 종교개혁에 대한 반향을 반영이라도 하는 듯, 인간이 지닌 감정, 상상력 등에 호소하는 성격으로 치달으며 상업에 바탕을 둔 부르주아들이 만들어낸 금빛 화려하고 장식적인 교회 건물들로 나타난다. 로마 가톨릭의 영향력 하에서 종교적 이미지의 제작은 지속적으로 격려되었으며 가톨릭의 교리를 전파하는 도구가 되었다. 성자 숭배와 같은 로마 가톨릭의 전통을 이어가는 미술을 꽃피우게 된다. 이에 반해 종교개혁의 영향을 지대하게 받았던 북유럽 지역은 미술의 모습이 완전히 달라졌다. 특히 네덜란드 같은 지역의 미술에서 우리는 가장 드라마틱한 변화를 보게 된다.

Art Church Bible

V

종교개혁 이후의 미술

01 '종교미술'이 사라진 종교 -새로운 시작
02 렘브란트 케이스

V.
종교개혁 이후의 미술

01. '종교미술'이 사라진 종교 – 새로운 시작

17세기 네덜란드는 '종교개혁'이라는 거대한 종교적, 문화적 변화를 겪고 있었다. 미술계의 입장에서 볼 때 종교개혁은 우상타파(Iconoclasm)으로 인해 미술계에 직접적이고 즉각적인 차원에서 제제와 변화가 가해지는, 이미지와 관련된 움직임이었다. 다시 말해 종교개혁은 그릴 수 있는 소재와 그려서는 안 될 소재에 대해 간섭했으며, 기존에 존재하던 일자리가 대거 사라지는 사회적인 현상이기도 했다. 칼뱅주의의 및 우상타파의 영향을 받아 네덜란드에서는 과거에 화려하게 장식되었던 교회의 내부가 말쑥하게 씻겨져 종교적인 이미지를 완전히 배제한 모습으로 정리되었고, 이와 더불어 이전의 중세적 아이콘(icon)의 전통은 완전히 자취를 감추는 큰 변화를 겪게된다. 이런 역사적인 변화들은 미술가들에게도 궁극적으로 새로운 가치관을 말하고 과거와 다른 미술적 패러다임을 구축하게 하는 촉발제가 되었다. 17세기에 도래한 새로운 미술의 경향이 교회에 미친 영향을 샌르담(Pieter Saenredam, 1597-1665)

의 회화 작품처럼 명료하게 보여주는 것은 없는 듯 하다. 이에 샌르담의 그림 이야기에서부터 시작하고자 한다.

샌르담은 제단화나 조각상 등 과거의 종교적인 이미지가 사라져 완전히 흰색 벽면과 천장만 남게 된 가지게 된 교회의 이미지를 그렸다. 한 장이 아니라 그가 그린 모든 교회의 그림이 그렇다. 교회마다 구조가 조금씩 다를 뿐, 모두 흰색으로 점철된 교회 내부의 모습을 담아내고 있다. 이는 당시 교회들의 실제적인 모습이기도 했다. 하지만 다른 한편으로는 이 백지화된 공간을 채울 새로운 종류의 미술을 기다리는 상징적인 의미로 느껴지기도 한다. 과거의 금색 찬란하고, 화려하고 장식이 많으며, 위엄 속에서 공간의 권력을 장악하던 성경적 도상들은 이제 백지화되어 새로운 종류의 그림들이 탄생할 수 있을 타불라 라사의 중립적인 공간을 만든 것처럼 보인다. 경제적으로도 그러하였다. 과거에는 다양한 종교적인 이미지를 제작하는데 사용되었던 미술적인 재능들이 이제는 수주할 기관을 잃었고, 이런 이미지를 제작하는 것조차 우상을 만드는 일에 합류하는 것으로 여겨지게 된 이상, 미술적인 에너지는 다른 탈출구가 필요했다. 이제는 '비종교적인

로마가톨릭: 〈일 제수〉 성당의 천장 장식,
이탈리아 로마, 1676-79
반종교개혁 이후의 교회 내부,
미술이 신앙심의 고양에
도움을 줄 수 있다고 믿은 가톨릭 교회

개신교: 샌르담 〈성 바보케르크 내부〉1635
종교개혁 이후 일체의 장식이 배제된 교회 내부의 모습을 회화 작품으로 남겼다.

주제들'이 미술의 세계를 비집고 들어갈 공간이 열리기 시작한 것이다.

과거의 중세적 전통이 사라지는 자리를 채울 새로운 종류의 미술은 의미심장하게도 과거와는 확연히 구별되는 '세속적인' 미술들이었다. 그렇다, 기독교는 소위 '종교미술'이 사라진 종교가 된 것이다. 흔히 미술사에서 논의의 대상이 되는 이 새로운 종류의 그림들은 풍속화, 풍경화, 그리고 정물화라는 새로운 장르로 거론된다. 과거 미술의 전통에서 풍경이나 정물, 풍속을 담은 이미지가 그려지지 않았던 것은 아니나 이들은 종교화의 한 부분으로서 전달하고자 하는 종교적 메시지를 보다 분명히 하기 위해 존재한 부수적인 소재들이었다. 그래서 이전의 성경적인 콘텐츠에서 독립하여 오로지 풍경 자체를 보여주기 위한 풍경화, 정물 자체의 오브제성에 집중하는 정물화, 일상을 있는 그대로 보여주기 위한 풍속화의 대두는 역사적으로 특별해 보인다.

그림에서 성경이라는 문헌적 레퍼런스를 빼 버리고 회화가 담고자 하는 눈 앞의 대상 자체에 집중하는 경향은 자연스럽게 매우 '사실적인' 경향으로 나타났다. 어쩌면 이는 우상타파의 움직임 속에서 '그림이 암시할 수 있을 종교적인 의미'에 대한 오해를 피할 수 있는 논리적인 귀결이었는지도 모른다. 관념적이고 종교적이고 상징적인 냄새가 짙은 과거의 그림들에서 그 종교적인 의미들을 벗어내기 위해서는 그 누구도 오해하지 않을 만큼 '노골적으로 일상적'이고 '평범'하고 '세속적인' 주제가 필요했을 것이기 때문이다. 종교개혁이라는 움직임 자체가 표방 한 바, 일체의 종교적인 허영이나 환영을 벗고 '세상을 있는 그대로' 겸허하면서도 상식적으로 보는 태도, 정직에 기반하여 삶을 이성적이고 정확하게 보고자 하던 이 시대의 정신이 사실주의라는 미술 언어로 드러났다는 해석도 가능할 것이다. 특히 풍경화 영역에서 '상상해서 그린 풍경화'가 아닌, '실경 풍경화'가 본격적으로 다량 그려지기 시작했다는 사실은 미술사학적으로도 깊은 의미가 있어 여러 학자들에 의해 지적된다.

이에 이 풍경화들은 무엇보다 '있는 그대로를 담아낸' 사실주의적인 성격으로 널리 이해되어왔다. 종교화나 역사화, 초상화 등의 배경으로 그려지던 이전의 풍경과 달리, 여기서는 인물의 크기가 작아지고 서술적(narrative)인 내용이 배제된 채 주변의 자연환경 자체에 대한 본격적인 관심이 표출되는데, 이러한 관심은 당시 네덜란드의 자연환경 그대로의 모습을 큰 가식없이 그려내던 화가들의 작품을 통해 확인될 수 있다.[08] 얀 반 고얀(Jan van Goyan)의 평범하면서도 소박한 당시 마을 정경은 작가가 목격한 장면들을 허물없이 기록한 듯한 면모를 지녀서, 우리로 하여금 17세기 네덜란드 작은 마을의 시골스러움을 익히 상상할 수 있게 도와준다. 예컨대 그의 <여관 앞에서 휴식하는 농부(Peasants Resting before an Inn)>는 전체적으로 잿빛인 팔레트로 항시 비가 올 듯한 네덜란드의 흐린 날씨/젖은 공기를 잘 보여줄 뿐만 아니라, 그 당시 있었던 건물의 형태도 구체적으로 묘사하고 있다. 그 건물이 얼마나 사실에 기반하여 그려졌는지, 서튼(Peter Sutton)이라는 학자는 이 작품의 뒤에 보이는 건물이 우트렉트(Utrecht) 근처 드 빌트(De Bilt)라는 마을에 있었던 페트로넬라 채플(Petronella Chapel) 이라고까지 밝힌 바 있다. 야곱 반 로이스데일(Jacob van Ruisdael)은 17세기 네덜란드 풍경화 화가

---

08 관련된 내용을 다음의 졸고에서 보다 자세히 찾아볼 수 있다. 신채기, 17세기 네덜란드 풍경화 연구의 방법론에 대한 재고, 〈동서인문학〉 vol. 48, 51-83.

루이스달(Jacob Isaacksz van Ruisdael)
〈두어스테데 인근의 풍차〉 c. 1668-1670

중 자신이 살았던 땅의 모습을 실제 모습과 가장 닮게 그린 작가로 평가받곤 하는데, 그의 <웨이크의 풍차(Windmill at Wijk)>는 비를 부르는 듯 구름으로 가득 찬 하늘 아래 언제나 땅을 침범해 삼킬 듯한 바다의 위협을 당하고 있는 이 '저지의 나라'를 잘 묘사하고 있다. 네덜란드의 독특한 지형이 방파제와 같은 모티브와 더불어 제시되며, 바람에 부대낀 나무들의 모습과 풍차 등의 지표가 역시, 당시 익히 볼 수 있었을 네덜란드의 지형적 특성을 세심하게 담아냄으로써 이 풍경화들의 사실성을 증명하는 예들로 거론된다. 당시는 지상 풍경 외에도, 해양 풍경, 모래 사장, 강가, 숲 등 다양한 장소들이 풍경화의 주제로 떠오르며 주변을 있는 그대로 담아내려는 화가들의 관심을 반영하고 있고, 심지어는 겨울 풍경이나 석양 풍경, 달밤 풍경들도 꾸준히 발견되어 시간이나 계절에 따라 달라지는 자연의 변화들에 주목하는 이들의 남다른 관심을 증언한다. 반 고얀이 평생을 통해 남긴 수많은 스케치들은 그가 육안으로 자연을 끊임없이 관찰하며 연구하였음을 보여주는 또 다른 증거라 하겠다. 아닌게 아니라, 구체적인 대상들을 유심히 관찰하고 이를 정확히 기록하려던 네덜란드인들의 과학적이고도 사실적인 탐구정신은 여러 사람에 의해 지목된 바 있어서, 알퍼스(Alpers)는 이런 면모를 네덜란드 사람들이 가지는 일종의 국민성, 민족적 습관으로까지 해석한 바 있다. '묘사의 예술: 17세기 네덜란드 미술'이란 저서를 통해 알퍼스는, 카메라 옵스큐라를 그림 제작에 사용하고, 지도를 그리며, 지도를 벽에 그림처럼 붙이기도 하던 네덜란드인들의 공간 규명(mapping)에 대한 남다른 관심을 집중적으로 설명하고 있는데 이러한 관심은 마치 지도라도 그리는 듯한 제스처로 파노라마적인 정경을 보여준 다수의 풍경화들에 적용될 수 있다.

사실 네덜란드인들에게 풍경화가 자신들이 실제로 살아가는 땅을 보여주었다면, 이들에게는 '풍경화'만큼 '해양화'나 '지도'도 큰 의미가 있었다. 당대 네덜란드를 황금시대로 이끈 '실크로드'와 관계가 있기 때문이다. 당시 네덜란드에는 유래없이 해양풍경화가 유행했는데, 이런 예를 할스(Dirck Hals)의 <담배 피우며 게임을 하는 신사들> (1627)에서도 찾아볼 수 있다. 당시 다량으로 제작된 해양 풍경화들은 그림에서 볼 수 있듯이 일상적인 주막이나 실내 공간을 장식하고 있었다. 베르메르(Johannes Vermeer)의 <연애편지>(c. 1666)나 할스의 <편지를 들고 앉아 있는 여인>(1633), 메추(Gabriel Metsu)의 <편지를 읽는 여인>(c. 1664-66)에서도 이런 해양화는 인테리어의 뒷벽면에 걸린 모습으로 발견되는데, 이를 통해 우리는 해양화 그림들이 가정이나 상가에서 일상적인 공간을 채우는데 널리 사용되었음을 확인한다.

게다가 당시 회화에는 풍경화나 해양화 뿐만 아니라 '지도'도 많이 등장한다. 특히 베르메르는 적어도 12개의 작품에서 벽에 걸려있는 지도 이미지를 그렸는데, 이 중 <장교와 웃는 소녀>(c.1655-60)를 포함한 5개의 회화 작품은 네덜란드 땅을 그린 지도를 담고 있다. 이런 지도 이미지들의 등장은 사실 의미심장한데, 이는 과학에 기반하여 해양업을 발전시키고 무역과 상업으로 세상을 개척해 나간 이 시대 사람들의 글로벌한 정신을 보여주는 중요한 단서로 작용하기 때문이다. 다시 말해 이런 지도를 벽면에 걸고 살았던 당시 사람들은 네덜란드라는 나라 밖에 세상이 있고, 이 세상은 바다를 통해 연결되어 있으며, 바다를 통해 오가는 무역 덕분에 누리던 풍요로운 생활을 자랑스럽게 생각했던 이들이었다. 이렇듯 바다 풍경을 담은 해양화, 그 바다 위를 항해하고 있는 선박의 이미지, 그리고 지도 그림들은 모두 따로따로 나타나지만 하나로 연결된 의미들이었다. 그리고 그 배후의 연결고리는 물론, 그들의 삶을 지대하게 변화시켰던 탐험과 무역, '실크로드'의 경험이었음을 우리는 기억해야 할 것이다.

일상적인 공간을 그린 베르메르의 풍속화/정물화들 역시, 많은 디테일이 담겨 당대의 실제 생활이 어떠했는지에 대한 많은 단서를 제공한다. 예를 들어 <잠든 하녀>(1657)에는 오리엔탈 카페트가 화면의 전면을 화려하게 장식하고 있다. 모직과 벨벳과 리넨과 종이, 나무, 가죽, 유리, 가구의 금속 장식과 도자기까지 온갖 아름다운 물건들의 재질을마치 만지고 느낄 수 있듯이 표현해낸 베르메르의 놀라운 솜씨는 당시 그림들에서 발견되는 리얼리즘의 최고봉을 보여주는데, 따스한 울의 재질을 설득력 있게 표현해내는 작가의 카페트 또한 그 문양을 분명하게 드러냄으로써 이것이 당시 오리엔트에서 수입된 값비싼 카페트임을 분명히 보여준다. 야데마(Ydema)는 베르메르의 그림에 등장하는 카페트가 그림마다 다른 것이 아니라 때로는 복수의 그림에서 반복적으로 등장하는 하나의 카페트일 때도 있다고 밝힌 바 있다. 베르메르의 작품 중 <음악 레슨>, <열린 창문 가에서 편지를 읽는 소녀>, <음악회>에 그려진 카페트가 동일한 카페트라는 것이다. 이는 당시 비싼 카페트를 여러 개 보유하기 힘들었던 화가들이 카페트 한 장을 가지고 이를 반복적으로 그림으로써 주문자에 대한 서비스 차원에서 이미지를 제공했을 가능성을 시사하고 있다. 그만큼 오리엔탈 카페트는 소품으로 그려짐으로써 그림이 담고 있는 인테리어의 품격을 높이는 효과가 있다고 간주된 듯 하다. 카페트 위에는 과일이 담긴 도자기 접시도 하나 놓여있는데 이는 흰 바탕에 파란 무늬가 그려진 도자기로 당시 중국에서 수입된 것이었다. 이것 역시 당시로서는 귀하고 이국적인 물건이었으며 매우 값진 것이었다. 이렇듯 베르메르의 그림에서 그림의 부분 부분에 등장하는 물건들은 당시 무역 되던 상품을 담고 있음을 우리는 발견하는데 이런 물건들만을 따로 구별하여 집중적으로 그려낸 장르가 바로 당시 새로이 등장한 '정물화' 카타고리의 그림들이다.

초기의 정물화 그림들은 그다지 화려하지 않았던 듯하다. 커다란 고기 덩어리가 놓여있는 클래즈(Pieter Claesz) 의 <고기 덩어리가 있는정물>(1615)은 테이블 위에 물건도 몇 개 놓이지 않은 단순한 구도이고 전반적인 분위기도 허식이 없이 진솔한 느낌이다. 일상의 모습을 겸허하게 그대로 옮겨놓은 듯한 사실주의적 이미지 속에서 우리는 종교적 콘텐츠를 그리던 과거의 습관에서 완전히 벗어나 이제는 눈앞의 물질을 도덕적 정죄함 없이 물질 자체로서 긍정할 수 있는 화가들의 심정적인 변화를

클레즈(Peter Claesz)〈고기가 있는 정물〉
c. 1632, 코펜하겐 다비드 콜렉션

확인한다.

하지만 시간이 지나면서 정물화의 소재에도 변화가 생김을 살펴볼 수 있다. 앞서 말했듯이 암스테르담은 유럽의 다른 지역들과는 매우 차별화된 장소였다. 세계 곳곳에 선박이 나가 있는 가운데 육지와 바다 간의, 도시와 도시 간의, 진부한 것과 진귀한 것 간의, 향토적인 것과 외래적인 것 간의 끊임없는 만남이 평상시의 생활 속에서 일상화된 사회를 암스테르담은 경험하고 있었다. 눈을 조금만 돌리면 세속적인 욕망이 최고조로 달하던 물질주의와 상업주의가 눈 앞에 놓여있던 사회에 그들은 살고 있었다. 네덜란드의 눈부신 풍요로움 속에서 우리는 화가들의 관심도 점점 세속적인 물건들로 옮겨감을 볼 수 있다. 점점 더 대담하고 화려해지는 정물화들은 세상에서 볼 수 있는 온갖 진귀하고 값비싼 모든 물건들을 한 자리에 모아놓은 형식으로 대두한다. 일명 '향연 정물(Banquet Painting)'이라는 특별한 카타고리로 불리기까지 한 이 부류의 그림은 특히 암스테르담이 사회적, 정치적, 경제적 정점에 있던 1650년대와 1660년대에 많이 그려졌다. 심지어 제목을 <허세를 부리는 오브제(네델란드어로 pronkstillevens, 영어로 ostentatious still lifes)>라고 붙인 작업도 많이 발견된다. 당연히, 작가들이 이런 그림에 담긴 '허영'을 알고서 붙인 제목이다. 좀 복잡한 심리가 아닌가? 값비싼 물건을 그리면서 그것을 허영이라고 굳이 강조해야 하는 종교사회적인 윤리의식 말이다.

클레즈의 <터키 파이가 있는 정물>(1627)은 이런 과시적인 정물의 좋은 예이다. 이 화면엔 수입된 과일과 진귀한 물건들이 가득 차 있으며 물건을 소유한 사람의 까다로운 취향과 부를 자랑한다. 앞서 언급했던

클레즈(Peter Claesz) 〈터키 파이가 있는 정물〉 1627, 암스테르담 국립미술관

중국 도자기 크락은 물론, 베니스에서 만든 유리잔도 있는데 유리잔에는 스페인이나 포르투갈, 프랑스 등지에서 수입되었을 포도주가 담겨 노랗고 투명한 그림자를 비쳐내고 있다. 아직 생물로 살아 있을 굴은 네덜란드 근교에서 채집된 것일 수 있으나 레몬과 올리브는 겨울이 추운 네델란드에서는 나올 수 없는 열매들로 아마 기후가 따뜻한 지중해 연안이나 스페인에서 재배된 것들일 것이다. 페르시아 산 테이블보 위에는 은접시가 놓여있고, 그 위에는 인쇄된 종이에 도르르 말려 싸여 있는 소금과 후추가 있는데 후추 역시 인도에서 가져온 비싼 품목이었다. 하지만 많은 물건들 중 가장 값비싼 품목은 요리되어 나온 파이 속에 들어 있었을 갖가지 향료였을 것이다. 인도에서 가져오는 후추와 설탕, 아라비아에서

가져오는 계피, 인도네시아 산 육두구(nutmeg)와 정향(clove), 그 외 인삼과 샤프란(saffron)에 이르기까지 갖가지 향료는 음식 보관 목적으로 식초와 소금 밖에 없던 시절에 음식을 오래 보관할 수 있게 하면서 맛도 좋게 하는 놀라운 재료였다. 화면의 뒤에 보이는 거대한 칠면조 요리는 당시 유럽에서 볼 수 없었던 이국적인 새의 이미지로, 이주민들이 감사절에 칠면조를 먹기 시작하여 유명해진 미국 땅을 상기시키는데, 앵무조개를 사용하여 금과 보석으로 정교하게 장식한 술잔과 더불어 미국 대륙에 '뉴 암스테르담'을 세웠던 당시 네덜란드의 영광을 자축하고 있다. 놀랍게도 네덜란드인들의 개척 정신은 이들은 1624년에 지금의 뉴욕, 코네티컷, 델라웨어, 뉴저지에 이르는 영토, 허드슨 강 하구에 식민지를 건설하게 하였다. 그 시대 네덜란드의 국제적 위상이 대단했던 것이다. 이처럼 이 정물화들은 단순히 종교적인 상징들을 담아내지 않는다는 차원을 넘어서서 황금시대의 물질에 대한 당시 화가들의 관심을 적극적으로 반영한다. 세속적이고 뻔뻔스러운 자랑, 과시와 허세로 노골적인 이 그림들은 실크로드 무역을 통해 네덜란드가 확보한 진귀한 물건들을 보여주며 이를 획득한 당시 네덜란드인들의 성공과 자긍심을 상징한다. 다른 말로 하면 이 그림은 '하나님이 축복한 국가'에 대한 내셔널리즘적인 자축 같은 그림이었던 것이다. 하나의 작은 테이블 위에 네 대륙에서 가져온 최고의 물건들을 모아놓고 이 세상을 통째로 집어삼킬 듯한 기세로 의기양양했던 17세기 네덜란드 글로벌리즘의 정점을 보여준다. 종교개혁으로 종교화에서는 멀어졌는데 때마침 역사적으로 가장 막강한 자본주의적 호황을 누리며 눈에 보이는 모든 것이 물질주의의 정점이었고, 종교적인 아이콘은 더 그릴 수가 없는 상황이니 비종교적이고 세속적인 그림들을 그 어느 때보다도 세속적이고 물질적으로 그릴 수 있는 시대적 배경이 받쳐주고 있었던 것이다. 이에 화려하고 자랑스런 정물들을 그리면서 동시에 이를 '허세 부리는 정물'이라고 부르고 있다. 세속적인 관심과 종교적인 양심이 팽팽하게 양립하는 가운데 17세기 네덜란드는 심리적으로 복잡하고 역사적으로도 특이한 시대였다.

물질주의와 기독교적 영성 사이에서 분열되는 복잡한 심경은 일견 평범해 보이는 꽃 그림에도 숨어있다. 역시나 뛰어난 사실주의적 성격이 두드러지는 이 꽃 그림들은 그 종류가 무엇인지 식별할 수 있을 만큼 하나하나 정확하게 그려져 있다. 당시 화가들은 자연과학자들과 더불어 네덜란드 VOC 무역인들과 정기적인 만남을 가지며 아시아 및 아메리카 지역과 관련된 정보를 나누었는데 그 결과로 다양한 꽃 도감도, 식물 도감도, 곤충 도감도, 조류 도감도가 그려졌고 광물 컬렉션이나 조개 컬렉션들이 만들어졌다. 이미 1590년에 리덴대학교(University of Leiden)에 세계 최초의 식물원이 세워져 타바코 식물 및 튤립을 유럽에 선보였던 사실도 네덜란드 사람들이 가졌던 남다른 지적인 호기심을 잘 보여준다. 정확한 과학적 묘사를 기반으로 한 꽃 정물화들은 당대 작가들의, 과학적인 정보에 기반한 지적인 결과물을 과시한다.

한편, 무역으로 세계 각지에서 아름다운 꽃들도 수입되기 시작하자 이국적인 꽃들에 대한 인기도 사회적으로 고조되어 아름다운 꽃들만 그린 정물화도 인기를 누리기 시작한다. 자세히 보면 하나의 화병에 담긴 꽃들은 네덜란드 지역의 꽃들이 아니다. 이들은 다른 여러 대륙에서 국제 무역을 통해 수입한 꽃들인데 의미심장하게도 하나의 화병에 담겨 있다. 한 예로 드 힘(Jan Davidsz de Heem)의 <유리병에 담긴 꽃 정물>

드 힘(de Heem) 〈꽃이 있는 정물〉 1650

(1613)을 보면 모란은 중국에서 온 꽃이다. 튤립은 터키산인데 터키산 중에서도 그 색깔과 문양이 희귀하여 결코 흔하지 않은 종류를 가져와 그린 것을 알 수 있다. 양귀비도 보이며, 장미와 카네이션, 모닝글로리가 각자의 빛을 발산하고 있다. 세계 각지에서 온 꽃이 무더기로 한 화병에 담겨있는데 피는 시기가 각기 다름에도 불구하고 마치 동시에 다 피고 있

는 것처럼 그려져 있다. 과학도감에 비견될 만큼 무슨 꽃인지 식별이 되도록 과학적이고 사실적으로 그려졌지만, 이들이 마치 동시에 피는 것처럼 한 화병에 담은 이유는 다분히 상징적인 제스처로, 이것 역시 당대 네덜란드인들의 글로벌 무역에 대한 긍지를 담고 있다.

그런데 여기에 기독교적인 차원에서 눈 여겨 볼 흥미로운 부분이 있다. 이 꽃 그림에는 벌레들이 있으며, 꽃을 일부러 완벽하게 그리지 않았다는 점이다. 이 꽃들은 일부 좀 시들어있기도 하고, 심지어 곤충들이 갉아먹은 흔적들이 보이기도 한다. 곤충과 나비들이 여기 저기 많으며, 꽃잎이나 잎사귀 위를 기어다니고 있음을 발견할 수 있다. 이는 아무리 아름답고 화려한 꽃이더라도 그 꽃의 아름다움은 헛되며, 이것이 한 순간에 없어질 수 있는 덧없는 것임을 암시하고 있다. "풀은 마르고 꽃은 시드나 주의 말씀은 영원히 서리라" 하는 베드로 전서 1:22-23의 메시지가 여기에는 담겨있다. 뽐내기를 하나님 앞에서 자제해야 한다는 것을 자신들이 알고 있음을 보이고자 일부러 벌레 먹고 시든 꽃을 그린 것이다.

인간의 허영심을 자각하게 하는 '바니타스(Vanitas)의 상징들로 시들어나 벌레먹은 풀이나 꽃 외에도 해골, 모래시계, 불 꺼진 양초, 조개껍질, 비눗방울 등, 여러 형태로 나타난다. 모든 부귀, 영화, 아름다움이 결코 영원하지 못하고 모두 한 순간에 사그라들 수 있다는 메시지를 의도적으로 포함시킨 것으로 메멘토 모리(memento mori)-죽음을 기억하라는 메시지와 같다.

하필이면 종교개혁이 일어난 그 시점에 국제적, 역사적으로 유래가 없는 경제적 호황기, 황금시대였다니… 그 어느 때보다도 신앙적으로 돈독하고 바르게 일어서려는 시점에는 이에 상응하는 큰 세속적인 유혹도

클레즈(Pieter Claesz)
〈해골과 깃털펜이 있는 정물〉 1628

데 아스트(Balthasar van der Ast) 〈조개, 카네이션, 백합, 장미, 자두, 체리, 곤충이 선반에 놓인 정물〉 1630s-1650s

공존하는 것일까. 글로벌 무역으로 국가적 위상이 꼭대기로 치닫고 호화스러운 럭서리 오브제들의 화려함이 끊임없이 눈을 현혹하는 가운데, 새로이 태어난 '정물화'라는 장르는 지극히 물질적이면서도 뭔가 종교적이고 철학적인 면모를 안고 있다. 상업적으로 전문화되는 상업시민 중심의 사회는 실용주의와 물질주의에 기반하면서 사물을 있는 그대로 묘사하는 과학적이고 사실주의적인 미술언어로 온갖 진귀한 물건들과 식물들을 세밀하게 내보이는데, 국가적 자긍심이 고취되는 가운데 이런 물질주의에 대한 반사적인 경계의 몸짓, 다시 말해 생명은 유한하고 그 영화는 영원하지 못하다는 메시지를 병행시켰음을 우리는 목격하게 된다. 이처럼 종교개혁의 영향을 깊이 받은 17세기 네덜란드에서 미술가들은 부를 보여주는 동시에 자신들이 하나님을 두려워하는 사람들임을 의도적으로 알리고 있다.

02. 렘브란트 케이스

소위 '빛의 마스터'라고 불리는 렘브란트가 흥미로운 케이스인 이유는, 그가 탁월한 예술가였다는 사실 외에도 그가 태어나고 활동했던 역사적 배경이, 앞서 논의한 종교개혁과 더불어 네덜란드가 세상에서 가장 잘 사는 국가였던 황금시대(Dutch Golden Age)였다는 점에 기인한다. 영적인 각성과 세속적인 풍요로움이 팽팽하게 공존했던 시대에 이 종교적이고도 탁월한 예술가가 남긴 예술은 어떤 것이었는가?

렘브란트는 1606년 암스테르담, 어머니는 가톨릭, 아버지는 개신교였던 가정에서 태어났다. 어렸을 때부터 신앙적인 삶에 큰 영향을 받았는데 그가 미술가로 막 활동하기 시작한 25세경 그렸다고 알려진 <성경을 읽는 어머니>(1931)는 신앙이 돈독했던 그의 어머니를 모델로 한 것이라고 널리 구전되어왔다.

렘브란트 〈성경을 읽는 어머니〉 1631, 암스테르담 국립미술관

화가들의 판매 활동이 활발했던 네덜란드에서 미술가로 성장하며 1932년, 외과 의사 조합의 주문으로 제작하게 된 <털프 박사의 해부학 강의>(1632)가 유명해지자 렘브란트는 일찍이 재능을 인정받았다. 이미 어린 나이에 초상화가로 성공가도를 달리며 렘브란트의 미래는 밝았다. 부유한 변호사의 딸로 어릴 때 부모님을 모두 여읜 사스키아(Saskia Uylenborch)와 결혼하였고, 유명 인사들이 작

렘브란트 〈사스키아와 함께 있는 자화상〉
1638, 올드 마스터즈 픽쳐 갤러리,
독일 드레스덴

품을 의뢰하려고 줄을 섰다. 사스키아의 유산도 컸고, 자신도 많은 부를 축적하였다. 렘브란트와 같은 시대를 살아간 동료 미술가였던 데르 헬스트(Bartholomeus van der Helst)가 남긴 시의원들의 단체 초상은 당대의 최고 부유층 인사, 다시 말해 정치, 군사, 상업 사회의 유력가들이 값비싼 보석, 비단과 벨벳, 레이스와 가죽으로 만들어진 세련된 패션으로 몸을 감고, 세계 각국에서 들여온 값진 예술품들에 둘러싸여 있는 모습을 보여준다. 그림에 그려진 수많은 사치품은 네덜란드 황금시대의 풍요로움을 대변하듯, 표면에 광택이 더해지고, 색깔은 밝으며, 세부 디테일까지 섬세하고 정교하며 눈부시다. 우리는 렘브란트가 그 자신도 '스타 미술가'로서 이런 시대, 이런 세상의 일원이었으며 명성과 영예로움을 누렸음을 상상해볼 수 있다. 그는 집도 매우 거대한 저택을 구입하였다. 렘브란트의 집은 일반적인 가정집이 아니었다. 1639년 당시 13,000 길더를 지불해야 했던 이 건물은 그 면적상의 스케일에 있어서나 콜렉션의 규모에 있어서 세계 각국에서 수집된 진귀한 동물 표본과 예술품들로 가득차 있는 하나의 미술관이었다. 네덜란드에서 제일 큰 화가 스튜디오였음은 물론이다.

하지만 1642년, 사랑하던 아내 사스키아가 불과 29세의 나이에 추정컨대 폐결핵으로 세상을 떠나자 렘브란트의 인생은 내리막길로 치닫는

데 헬스트 〈뮌스터 조항 체결을 축하하는 크로스바우먼 길드의 연회〉, 1648, 암스테르담 국립미술관

다. 렘브란트는 사스키아를 잃은 상실감을 평생 회복하지 못했다. 이미 그들 사이에서 태어난 아이들도 3명이나 잃었기에 살아남은 것은 막내 1명이었다. 무리해서 산 대저택의 빚을 감당하지 못해 점차 경제적으로 힘들어졌으며 급기야 그 저택을 넘기고 1657년에는 파산 선고를 하기에 이르렀다. 가장 사랑하던 가족들을 잃고, 경제적으로 안정된 생활을 잃었으며, 사회적 신용 또한 잃게 된 것이다. 이후 그는 소위 '밑바닥 인생'을 경험하며 세상을 떠나기까지 마지막 10여 년을 보낸다.

개인사적인 비극이 겹치고, 경제적인 곤고함이 더해지는 과정에서 렘브란트의 그림도 달라졌다. 보다 관조적이 되었다고나 할까. 그의 후기 그림은 이전의 초상화들에 담겨있었던 번드르르한 외양적 화려함을 넘어 인간의 근본을 들여다 본다. 빛을 통해 인간의 심리와 영성을 담아내는 렘브란트만의 방식, 고뇌와 빛이 하나로 녹아 있는 듯한 그림들이 나온 것이다. 한 예로 <유대인 신부>를 보자. 그림을 보는 순간, 렘브란

렘브란트 〈유대인 신부〉 1665-69,
암스테르담 국립미술관

렘브란트 〈유대인 신부〉 세부 이미지, 1665-69,
암스테르담 국립미술관

트는 우리로 하여금 이 두 사람 사이의 조용하고도 친밀한 사랑에 주목하게 한다. 그래서 이 그림에서 신랑과 신부가 화려하게 치장하고 있다는 사실을 눈치채는 사람은 드물다. 하지만 자세히 살펴보면 사실 그녀가 황금빛 레이스와 비단으로 만들어진 화려한 붉은 드레스를 입고 있으며, 목걸이, 반지, 팔지로 양손과 목, 양 팔목을 진주와 보석으로 겹겹이 치장하고 있음을 알게 된다. 렘브란트는 너무 잘 알고 있었다. 이 모든 화려한 것들이 주는 즐거움이 무엇인지도 경험을 통해 익숙하게 알고 있으며, 이것이 자신의 눈 앞에 존재하고 있음도 부정하지 않는다. 하지만 그의 경험과 지혜, 직관과 영성, 재능 속에서 이런 것들은 빛을 잃으며, 우리 눈에 잘 보이지 않게 된다. 그는 자신이 세상을 보는 방식으로 우리를 안내한다. 세상적인 치장은 있거나 없거나, 설사 있다 하더라도 별 의미가 없는 듯 이들은 무심하게 묻히며 오로지 두 사람 간의 친밀하고 개인적인 영적인 결합만이 어두운 듯 조용한 분위기 속에서 환하게 부각되고 따뜻한 에너지로 번져나간다.

렘브란트의 빛이 주는 영성적인 느낌은 미술사에서 무척 예외적이고

독창적인 것으로 그 시대 어느 사조적 경향에 들어맞다기보다 개인의 역량 및 개성을 규정하는 특별한 것이다. 어둠 속에서 은은히 번져나가는 빛은 카라바지오의 연극적이고 드라마틱한 스포트라이트와 달리, 고요하고 은밀하고 개인적이다. 마치 '개인의 골방'에서 드리는 '혼자만의 기도' 같은 그림인 것이다. 눈에 보이는 대상이 아니라 영혼을 그린 것 같은 그림들은 단순히 '개성적'이라는 단어로는 부족한, 작가의 삶과 신앙 속에서 나올 수 있었던 특별한 영적인 결과물이었다.

그가 선택한 성경의 장면들도 깊이있고 여운이 남는 장면들로 우리를 명상으로 이끄는 주제들이다. 예를 들면 밧세바, 십자가 처형, 돌아온 탕자와 같은 소재들이 있겠다. 여기서 후대 많은 기독교인들의 마음을 건드린 렘브란트의 <돌아온 탕자> 그림을 살펴보자. 그림에 등장하는 아버지는 하인도 많고, 아들을 위해 잔치를 베풀 수 있는 재력을 가진 아버지이다. 돌아온 탕자는 헐벗어 누더기를 걸치고 있으며 신발 중 한 쪽은 벗겨져 맨발이 드러나 있다. 이런 아들의 등을 감싸주고 있는 아버지의 두 손 모양이 다른 데, 한쪽 손은 두꺼운 남자의 손 같고, 다른 한 쪽은 섬세한 여성의 손 같은데, 이는 아버지의 사랑과 어머니의 사랑을 다 가지고 계신 하나님을 표현한다고 해석된 바 있다.

이 그림이 그 시간적, 역사적 한계를 넘어 후세대 사람들에게 감동을 준 이야기를 전하고 싶다. 저명한 저술가 누원(Henri Nouwen)은 이 작품을 보면서 경험했던 것을 기술한 적이 있다.[09] 그 날은 오랜 부흥 집회

---

09 Henri J. M. Nouwen, The Return of the Prodigal Son: A Story of Homecoming, New York: Doubleday, 1994, 15; Terry Glaspey, Discovering God Through the Arts, Moody Publishers, 2021, 161 재인용.

렘브란트 〈돌아온 탕자〉 c. 1668 상트페테르부르크 에르미타주 미술관

투어를 마치고 돌아온 날이었다. 육신과 마음이 지치고, 영적으로 고갈되던 상태였다. 정의와 영적인 삶에 대해서 열정적인 강연을 하고 돌아오는 길이었지만 정작 자신의 내면은 깊이 외롭고 고독했었다. 그 순간 동료의 사무실 문에 붙어있던 렘브란트의 포스터 그림을 보았다. 아버지와 아들의 부드러운 포옹을 담고 있는 그림이었다. 누원은 그것이 자신이 그 순간에 간절히 원하던 것을 표현해주고 있다고 생각했다. 자신이야말로 긴 여행에 지쳐있는 아들로 그런 아버지의 포옹이 필요하다고 느꼈다. 자신이 안전하다고 느낄 수 있을 고향 집을 그는 찾고 있다고 생각했다. 그리고 몇 달 후, 마치 기적처럼 그는 러시아 상트페테르부르크의 에르미타주미술관에 걸린 렘브란트의 오리지널 그림 앞에 서게 되었다. 벅찬 감격에 그는 마치 그림이 자신을 위해 그려진 듯한 느낌을 받았다고 한다. 그는 기록한다. “이 그림은 내게 돌아온 ‘둘째 아들, 탕자 이야기’에서 그치지 않았다. 여기에는 내가 하나님께 드리고 싶었던 말, 그리고 내가 하나님의 백성들에게 전하고 싶었던 모든 내용의 핵심이 담겨 있었다. 모든 복음이 거기에 있었다. 내 인생의 모든 면이 이 그림에 담겨 있었다. 내 친구들의 모든 생애가 거기에 있었다. 그렇게 이 그림은 나를 하나님의 나라로 들어갈 수 있게 해준 신비로운 창문이 되었다.”

누원이 이 그림에서 느꼈다고 말한 인생의 경험들이 무엇이었을까? 팀 켈러 목사님은 흔히 ‘탕자의 비유’로 불리는 이 이야기가 ‘망나니 아들을 조건 없이 받아주는 아버지의 사랑’에 초점이 맞추어지며 뭇 사람들의 눈가를 촉촉하게 적시는 감동적인 스토리(따라서 감성을 건드리는데 초점을 가지는 이야기)가 되곤 하지만 사실 이 이야기에는 둘째 아들

외에, 첫째 아들이라는 중요한 인물이 등장한다는 점을 지적한다.[10] 해야 할 의무를 이행하며 긴 세월을 견뎌 왔고, 아버지를 모셔왔으며, '바르게' 행동해 온 아들 말이다. 아이러니컬 하게도 이 착한 아들이 '나쁜 짓을 하고 돌아온 아들에게 선물을 주는 자리'에 나가 박수를 쳐야 하는 상황에 이르렀다. 이에 그는 받아들이지 못한다. 그는 아버지에 항의하며 '법대로' 해주기를 요청한다. 원칙에 근거하여 공평하게 상벌을 달라고 상식에 호소한다. 그는 '정의를 구현해달라'고 요구하고 있는 것이다. 부당한 처사에 분노한 그는 잔치에 들어오지 않았고, 이로써 아버지의 마음을 아프게 한다.

누원이 렘브란트의 그림에서 느낀 것은 이런 복잡한 입체적인 공감대였다. 때로는 착하게 살며 '정의'를 외치는 첫째 아들이었고, 때로는 지친 몸으로 '이제는 돌아와 아버지의 품에 안기고 싶은' 둘째 아들이었을 것이다. 첫째와 둘째가 모두 자신 속에 있었고, 모두 부족하지만 하나님은 이들을 둘 다 한없는 사랑으로 안아 주시며 끝까지 모두가 잔치에 함께하기를 기다리신다.

인생의 굴곡, 빛과 어둠, 행복과 불행의 스펙트럼이 넓었던 렘브란트의 인생길에서 하나님의 존재는 호흡이 긴 시간처럼 그에게 서서히, 고요히, 개인적인 음성으로 다가왔음이 분명하다. 세속적인 풍요의 절정과 상실을 맛보았고, 그런 세상이 죽는 순간까지 없어지지 않고 눈 앞에서 이어지는 것을 목격하며 세상을 관조할 시선을 가지게 만든 것이리라.

---

10 팀 켈러, 윤종석 옮김, 팀 켈러의 탕부 하나님: 예수 복음의 심장부를 찾아서, 두란노서원, 2016.

이에 그의 그림은 허구인듯한 분위기가 없다. 비극적인 약점과 고통을 안은 인물들의 내면까지 보여주는 듯한 그의 초상화는 기존의 미나 조화의 가치보다는 진실과 성실성으로 다가선다. 그의 그림은 마치 "내가 비천에 처할 줄도 알고 풍요에 처할 줄도 알아 모든 일에 배부르며 배고픔과 풍부와 궁핍에도 일체의 비결을 배웠노라"(빌립보서 4장 12절) 라고 말한 바울의 심경을 떠올리게 한다. 인생에서 중요한 것은 '물건'들이 아니라 오로지 '빛' 임을 아는 그에게, 빛은 그림의 실질적인 소재가 무엇이었든, 화면 전체를 장악하는 거대한 힘이었다. 렘브란트가 다른 화가들과는 구별되는 그림을 그릴 수 있었던 이유는 이런 천부적인 통찰력 때문이었다고 생각된다.

렘브란트 〈자화상〉(부분) 1659,
워싱턴DC 내셔널갤러리 오브 아트

이렇듯 렘브란트의 그림에서 '화려하게 빛나는 물건들'은 렘브란트라는 필터를 거치며 빛을 잃고, 오로지 삶에 대한 명상적인 성격, 세속적인 것을 넘어서는 시선, 하나님 앞에서 내가 가지는 자리에 대해 생각하게 하는 특별한 순간들만이 남아 영원히 캡처되어 있다.

Art Church Bible

VI

대자연 속의 하나님

01 초월적이고 내재적인 (19c 독일)

02 '축복의 증거'로서의 풍경화 (19c 미국)

03 상징적 의미가 사라진 '빛' (19c 프랑스)

VI.
대자연 속의 하나님

01. 초월적이고 내재적인(19c 독일)

종교개혁을 거치며 개신교 기독미술에서는 종교적인 아이콘이 사라지고, 이 자리를 풍경, 정물, 풍속화와 같은 '세속적인' 그림들이 차지하게 되었다는 이야기를 앞서 하였다. 물론 이런 그림들이 하루아침에 완전히 기독교적인 가치관에서 자유로울 수는 없었다. 오히려 이들은 가장 본질적인 기독교적 가치관을 추구하는 과정에서 나온 그림들이 아니었던가. 껍데기는 '종교적 아이콘'이 아닌 '세상'을 그렸지만, 그 은유적인 의미로 기독교적 가치관은 품어져 전달되었다. 네덜란드 꽃 정물에서 살펴보았다시피 이 꽃들은 과학적으로 식물 도감도에 비견될 만큼 매우 정교하고 정확하게 그려져 있었지만, 일부 시들어 있고, 벌레 먹은 모습으로 그려져 있어서 '꽃은 시들고, 풀은 마르는' 인생에 대해 가르치고 있다. 풍경화 속에서도 비슷한 방식으로 교화적인 성격들이 있었다. 예를 들어 '풍경화에 그려진 교회는 천상의 예루살렘'으로, '풍경화에 그려진 작은 인물들은 이생에서 순례자의 길을 걷는 사람들'이라고 해석되곤 한다. 햇빛이 내리비치는 환한 벌판은 '순수하고 종교적인 영혼'으로 읽혀지고, 그 외 많은 작품들이 '인생의 여정' 혹은 '바니타스'의 기존으로 읽힌다.[11]

카스파 다비드 프리드리히
〈드레스덴 근교의 둘러싸인 땅〉 1832,
드레스덴 네우 메이스터 갤러리

그런데 19세기에 이르면 인간과 자연이 어떤 초현실적인 힘을 통해 서로 감응할 수 있으며 인간 내부의 숨겨진 신성함을 끌어낼 수 있다고 믿는 경향이 발견된다. 자연 속에 초자연적인 존재의 신비가 내재한다고 믿고, 그 속에서 신의 계시를 직접적이고도 직관적으로 받을 수 있다고 생각한 것이다.

독일을 대표하는 낭만주의 작가 프리드리히(Casper David Friedrich)는 대자연의 광활함 앞에서 인간이 느끼는 초월적이고도 신비로운 경험을 잘 표현하였다. <안개 바다 위의 방랑자>에서 작가는 산꼭대기에 선 방랑자의 뒷모습을 보여준다. 자욱한 안개의 바다 사이로 광활하게 펼쳐진 공간이 영원하게 이어지듯 끝이 없다. 압도적이고 장대한 스케일의 대자연을 홀로 마주 한 방랑자의 모습은 인간의 미미함, 그리고 이 장엄한 자연 앞에는 모든 것이 티끌이고 찰나임을 보여주는 듯하다. 인생은 결국 하나님 앞에서 홀로 서는 자리라는 것을 말해주는 듯,

11 관련 풍경화를 읽는 미술사적 방법론들에 대한 논문으로 다음의 졸고를 참고할 수 있다. 신채기, 17세기 네덜란드 풍경화 연구의 방법론에 대한 재고, 동서인문학 48, 2014. 12. 51-83.

고독해보기도 한다. <해변의 수도승>도 비슷한 감흥을 안고 있다. 하늘이 어둑하게 구름으로 내려앉는 가운데 해변에서 바라다본 바다는 끝없는 수평선을 펼쳐보이고 있다. 해변은 작게 그려진 수도승 외에는 아무 것도 없이 텅 비어있고, 무한해 보이는 공간 속에서 인간의 존재는 더 없이 왜소해보인다.

카스파 다비드 프리드리히
〈안개 바다 위의 방랑자〉 1817-1818,
쿤스트할레, 함부르크

자연을 통해 느끼는 숭고함(sublime)이 신과 인간이 만나 감응하는 자리라는 입장은 신의 얼굴을 어느 정도는 자연의 얼굴로 대치시키고 있다. 우주의 개체 속에 완벽한 신의 존재가 숨어 있으며, 인간 역시 그 속에서는 하나의 소우주일 것이라는 감성은 19세기 영국의 시인인 블레이크(William Blake)의 <순수를 꿈꾸며(Auguries of Innocence> 시에서도 나타난다.

프리드리히 〈눈에 덮인 공동묘지〉 1817-19,
베를린 내셔널갤러리

To see a World in a grain of sand,
And a Heaven in a wild flower,
Hold Infinity in the palm of your hand,
And Eternity in an hour (부분)[12]

한 알의 모래에서 세계를 보고,
한 송이 들꽃에서 천국을 본다.
손바닥 안에 무한을 거머쥐고
순간 속에서 영원을 붙잡는다 (부분)

하지만 19세기 문화 현상의 중심에 다분히 '낭만주의적인' 기질이 짙었던 만큼 이런 '숭고함'은 단지 하나님에 대한 경외에만 국한되지는 않았다. 이성을 넘어 우리가 알지 못하는 미지의 세상, 우리 자신이 두려움이나 신비를 느끼는 대상, 공포, 신화, 공상의 세계에도 프리드리히 같은 낭만주의자들은 똑같이 매료되었다. 와해된 중세의 고성이나 눈에 덮인 공동묘지 등과 같이 공포스런 대상들도 점차 그 자리를 넘보며 순수히 기독교적인 메시지라기보다는 하나의 문화로서의 낭만주의적 기질을 여지없이 드러낸다. 이에 감정과 무의식을 건드리는 직관적이고 상징적인 프리드리히의 이미지들은 영혼의 신성함을 강조하면서도 자기함몰적인 주관성에 기인해있다. 말씀보다는 낭만주의 스타일이 더 우위에 있는 매력적인 요소가 되는 것이다.

---

12 William Blake, Auguries of Innocence, Line 1-4. from David V. Erdman(ed.) 〈William Blake, The Complete Poetry and Prose〉 Anchor Books, 1988.

02. '축복의 증거'로서의 풍경화(19c 미국)

한편, 19세기 미국 화가들은 미국적인 성격을 미국의 독특한 지형을 통해서 그려내고자 했고 이를 통해 자신들의 신앙을 표현했다. '광활하면서도 다듬어지지 않은 미국의 아름다운 지형'이야말로 '하나님이 주신 최대의 축복'이자, 유럽의 지형과 구별되는 미국만의 시각적 요소일 뿐 아니라, 역사가 짧다고 간주되는 미국에 고대부터 내려오는 자산이 된다고 믿었기 때문이다. 이에, 토마스 콜(Thomas Cole, 1801-1848), 애셔 듀랜드(Asher B. Durand, 1796-1886), 프레드릭 처치(Frederick Church, 1826-1900), 알버트 비어슈타트(Albert Bierstadt, 1830-1902) 같은 화가들은 캣스킬(Catskill)의 수풀이라든지, 나이아가라 폭포, 혹은 요세미티 계곡과 같은 구체적인 미국의 지형을 화폭에 담아냄으로써 자신들에게 유럽과 구별되는 시각적 전통이 있음을 주장하였다. 그려진 이미지들이 거의 모두 그 소재를 제목으로 채택하고 있다는 점도 이 풍경들이 실제로 존재한 풍경들이라는 점을 강조하고 있다. 특히 '미국의 야생(wilderness)'이 담고 있는 '손상되지 않은 아름다움(untouched beauty)'은 문명 이전의 시기에나 가능했던 '순수성에 대한 은유'로서, 문명에 때묻지 않은 미국을 부각시킨다는 의미에서 중요하였다. 이런 의미에서 미국의 야생은 '성서적 에덴'과 같은 곳이었다.

19세기 후반으로 갈수록 미국의 풍경화들은 더 이상화되고 드라마틱해지는 경향을 보인다. 특히 비어슈타트의 작품에서 이런 경향은 정점에 이른다. 예를 들어 <캘리포니아 시에라 네바다를 따라(Alongside the Sierra Nevada, California)>(1868년)나 <캘리포니아 요세마티 계곡을

비어슈타트 〈캘리포니아 시에라 네바다를 따라〉 1868, 스미스소니언 아메리칸 아트 미술관, 워싱턴

내려다보며(Looking Down Yosemite Valley California)>(1865) 같은 작품에서 미국 땅은 '흠 없고 장대하면서도 풍요로운' 아름다움이 극치에 달한 듯 보인다. 대기 속에는 햇살이 가득차 있고, 장엄한 산을 배경으로 노루가 거닐고 있으며, 신비로운 운무가 피어오르고 있는데, 이러한 장엄함은 놀라우리만큼 세밀한 디테일 묘사와 병행되어 눈길을 끈다. 온갖 종류의 들풀과 나뭇잎들을 정확히 묘사되어 '미국이 자연의 보고이며 하나님의 축복받은 나라'라는 사실을 강조하고 있다. 역시나, 미국은 '새로운 지상의 에덴'임을 보이고 있는 것이다.

'미국의 자연 속에 담긴 정신성'을 믿었다는 점은 풍경화 화가들이 초월주의로부터 받은 영향을 시사하기도 하는데, 이런 의미에서 미국의 자연 풍경을 재현적으로 그리는 것은 '하나님의 또 다른 얼굴'을 그리는 것과 같은 의미였다. 초월주의 철학자들은 자연과 인간 모두를 통해 신의 존재를 경험하기를 원했는데, 특히 에머슨과 소로우 같은 작가들은'신은 자연 속에 계신다'고 말함으로써 자연을 담은 풍경화들을 종교적인 정신성을 담은 이미지들로 간주하였다. 대자연을 통해 우주적인 영혼과 직접적으로 교류할 수 있다고 생각했던 그들은 눈에 보이는 것과 영혼이 느끼는 것 사이에 긴밀한 교류가 성립될 수 있다고 믿었고, 이에 자연과 인간이 재결합되어야 한다고 생각했으며, 인간의 존재를 통해 자연의 힘을 느낄 수 있기를 원했다. 인위적으로 만들어진 규범이나 전통이 아니라 미술가의 개인적인 관찰을 통해 자연을 그린다는 것은 유럽의 낡고 경직된 전통에서 벗어난다는 의미이기도 했다. 야생과 자연은 미국이 표방해 온 개척정신의 배경으로 작용하기도 하였다. 서부에 대해서 아직 사람들이 많이 알지 못하던 시절에 비어슈타트는 서부의 모습을 매우 고요하고도 평온한 모습으로 그리고 있는데, 이런 의미에서 그의 이미지들은 '명백한 운명(Manifest Destiny)', 다시 말해 '미국에서의 영토확장은 신의 뜻'에 의한 것이라는 이데올로기에 대한 시각적 등가물을 제시하고 있다고 보인다. 결과적으로 이 풍경화 이미지들은 '새로운 에덴 동산'의 신화, 프론티어의 신화, 그리고 초월주의적 정신성을 모두 함축하여 담아냄으로써 19세기 낭만주의의 영향을 받은 내셔널리즘을 반영하고 있다.

이렇게 19세기 미국 풍경화는 자연을 그리는 행위를 통해 축복받은 자연과 동일시 되는 미국성의 기호를 구축했으며, 내셔널리즘적인 속성

샘버그 <하나님(God)> 1917,
뉴욕 매트로폴리탄 미술관

을 오버랩하였다. 물론, 이렇게 자연의 순수함에만 기반하여 만들어진 미국성의 기호가 오래 지속된다는 것은 무리였다. 이후 20세기에 들어서며 사회는 급속히 산업화되었고, 뉴욕에는 마천루가 생겼으며, 사람들의 관심은 기계로 본격적으로 넘어가기 시작했다. 주도적 세력으로 대두하는 기계의 아이콘 속에서 미국의 야생 속에서 하나님의 축복을 발견할 수 있다는 이야기는 점차 희석되어 갔다. 차라리 샘버그는 파이프 조각을 하나 가져다놓고 '하나님'이라고 제목을 붙여 제시한다.[13] 물론 냉소적인 뉘앙스가 있다. 이렇듯 20세기 초를 경계로, 미국이라는 나라를 대표하는 이미지는 자연/야생에서 기계/마천루로 180도 바뀌는 매우 극적인 변화를 겪게된다.

03. 상징적 의미가 사라진 '빛'(19c 프랑스)

기독교에서 빛이 지니는 상징적인 의미가 미술의 역사를 통해 지

---

13 샘버그(Morton Livingston Schamberg, 1881-1918)가 1917년 1차 세계대전의 파괴적인 경험 후 만든 <신 (God)>(1917년) 같은 작업은 이런 예를 보여준다. 이 작업은 기계가 신이 되었다는 냉소주의적 태도를 반영하고 있다.

속되면서도 힘을 잃어간 가운데 19세기 말, 한 그룹의 미술가들에 의해 '빛'이라는 주제가 보다 집중적으로 탐구되었다. 인상주의자들이었다. 하지만 이 경우, 빛은 더 이상 영적이거나 상징적인 의미가 아니었다. 오히려 그 반대로, 몹시도 경험적이고 실존적인 차원의 빛이었다. 이는 이 빛을 경험하는 눈 역시, 영적이거나 정신적이거나 은유적인 차원이 아니라, 육체적이고 물리적이고, 현상학적이고, 생리적인 눈이었다. 기존의 아카데미에서 가르치던 그림들이 실내에서 그려져 빛이란 단지 물체의 3차원성을 보여주기 위한 그림자나 하이라이트 정도로 이해된 데 반하여, 인상주의자들의 빛은 외광, 다시 말해 직접적인 태양광이었다. 한여름에 이글이글 불타오르거나, 정오에 쨍쨍 내리쬐는, 혹은 석양에 기운을 잃어 서늘해진, 시시각각 변하는 빛이었다.

이런 시도를 가능케 한 것은 때마침 발명된 튜브형 물감이었다. 물

모네 〈건초더미〉 1890-91, 아트 인스티튜트 오브 시카고

감이 튜브에 담겨 판매되기 시작하자 미술가들은 물감을 들고 실외로 나가 그림을 그리기 시작했다. 이 경험만으로도 세상을 보는 방식은 완전히 바뀌었다. 태양광은 실내의 빛보다 훨씬 역동적이었다. 게다가 색깔도 훨씬 많이 품고 있었다. 날씨에 따라, 시간에 따라, 그리고 지역에 따라 빛은 변화하였고, 이에 따라 그 빛을 받은 물체의 표면도 색깔이 바뀌었다. 시시때때 바뀌는 빛의 효과가 모네를 사로잡았다는 것은 남아 있는 그의 그림으로도 알 수 있다. 그는 같은 대상을 반복적으로 그렸는데, 그 대상이 특별하게 종교적이거나 상징적이거나 역사적인 의미가 있는 대상도 아니었다. 그것은 예컨대 그냥 밖에 서 있는 건초더미였다. 하지만 이 건초더미들을 보라. 아침에는 푸른빛이 돌던 건초더미가 한낮에는 황금빛으로 환해졌고, 석양 때면 붉은 빛으로 물들었다. 이에 동일한 대상이라도 언제 보느냐에 따라 그 느낌이나 효과는 완전히 바뀌었다. 하늘은 늘 하늘색이고, 나뭇잎은 늘 초록색이라고 생각하며 자연의 사물들에 소위 '고유색'이 있다고 믿었던 신념은 이로써 고리타분한 생각이 되었다. 빛에 따라 변하는 것은 단순히 색깔만이 아니었다. 이는 사물의 형태에도 영향을 끼쳤다. 예컨대 밝은 빛 속에서는 경계를 분명히 볼 수 있던 사물이 석양에서는 그 윤곽선이 흐려졌다. 빛이 어둡거나 흐릴수록, 혹은 눈부시게 밝을 때도 우리의 눈은 그 대상을 '정확히' 볼 수 없으며, 이에 사물의 형태는 빛에 '녹아'내렸다.

모네 〈건초더미 (눈과 햇빛의 효과)〉 1891, 뉴욕 메트로폴리탄미술관

빛이 순간순간 변했기 때문

에 한 순간의 빛, 그 날아가는 순간을 재빨리 담아내야 한다는 문제도 있었다. 모네가 붓터치를 빠르고 축축하게 뭉갠 이유이다. 그림이 '완성'되지 않았고 단지 '인상'만을 급하게 후려갈긴 그림이라는 혹평은 이 미술 경향에 '인상주의'라는 유명한 이름을 붙여주었다. 일견 매우 낭만적인 효과에 치중되어 있는 듯 보이기도 하지만, 사실 인상주의자들을 매료시켰던 것은 더 과학적인 눈이었다. 우리의 생리적인 눈, 그 망막에 빛이 보이는 방식은 늘 한계를 반영하였다. 너무 멀어서 초점이 맞지 않거나, 너무 빨리 지나가서 명확히 보지 못하는 허약한 지점들을 이들은 경험하는 대로 기록하였다. 그런 의미에서 인상주의자들은 가감 없는 사실주의를 추구하였다고 볼 수도 있고, 어떤 의미에서는 미술의 역사에서 사조상 존재하는 마지막 일루저니스트였다.

모네의 그림에서 흔히 발견되는 파란색 그림자도 이런 관찰에 근거하였다. 과거의 미술가들은 그림자가 당연히 검정이나 고동색이라고 생각했지만, 그림자를 실제 눈으로 경험하고 관찰했던 모네에게는 그림자에도 빛이 있었고 색깔이 있었다. 환한 정오, 작렬하는 태양광 아래 드리워진 서늘한 그림에 담긴 파란색(!)을 그는 본 것이다. 인상주의가 흔히 '파스텔톤'이라고 말하는 이들도 있지만, 사실 모네의 그림은 파스텔 톤이 아니다. 그의 그림은 무색 자연광에 포함되어 있는 빨·주·노·초·파·남·보의 무지개 빛 스펙트럼을 모두 펼쳐 보이며, 채도가 높은 선홍색과 노랑, 파랑과 초록을 구석구석 담아낸다. 예컨대 저 건초더미의 그늘진 부분, 에너지가 응집되는 한 지점에 콕 찍혀 있는 채도 높은 선홍색을 보라. 그 그림자의 색은 희끄므레한 파스텔 톤이 아니라, 선홍색임을 모네의 눈은 말하고 있다.

인상주의자들은 기독교에서 논하는 '빛'의 상징적인 전통과 조금 어긋나게, '빛의 효과'를 그린 이들이다. 이들은 빛이 사물의 표면에서 반사되며 망막의 시신경에 비치는 양상에 이들은 집중하였다. 사물의 '본질'이라기보다는 사물의 '외양', '표피,' '껍데기 효과'에 올인한 미술이라 할 만하다. 경험주의자라는 차원에서 시신경의 착란을 수용했으며, '조명빨'에 따라 달라지는 대상을 보여주었다. 모네의 아름다운 효과에 매료된 사람들이 많고, 이런 인기에 힘입어 모네가 전세계적으로 매우 유명한 작가가 된 것은 사실이다. 그러나 여기에는 나름 철학적, 미학적 한계가 있었다. 인상주의의 철학적, 미학적 맹점을 지적하며 크게 반발한 인물이 있었으니 곧 세잔이었다. 설사 기독교인이 아니더라도 '진짜가 아닌 껍데기'를 그리는 것을 알아보고 불만을 가질 수 있는 것이다. 세잔에 대한 이야기는 VIII장에서 더 이어가도록 하겠다.

Art Church Bible

VII

세상 속에서

01 반 고흐 케이스

02 광기의 시대 -세속화, 전쟁, 팬데믹 속의 미술

VII.
세상 속에서

01. 반 고흐 케이스

반 고흐는 1853년 네덜란드에서 개신교 목사였던 아버지의 장남으로 태어났다. 할아버지도 종교개혁 이후 신학교를 졸업하고 네덜란드 개신교 교회의 목사로 봉사하셨다. 대대로 목사님 집안의 자제라고 할 만하다. 본인도 한때 성직자가 되겠다고 준비한 기간이 있었다. 감리교 목사의 조수가 되기 위한 훈련을 받았으며, 암스테르담대학교 신학대학 입학시험을 치렀지만 시험에 떨어졌고, 결국은 교회단체를 통해 목사 조수로 일할 기회를 얻었다. 기독교에 몰두했고, 점점 더 독실한 은둔자로 금욕적인 생활을 하였다. 교회단체는 그를 벨기에 광부촌에 선교사로 보냈는데, 고흐는 여기서도 오로지 말씀에만 헌신하며 가난한 자들의 친구로 살고자 노력했다고 한다.

외톨박이이고, 말이 어둔하고, 몰입적인 성격이었던 고흐는 아 켐피스(Thomas à Kempis)가 쓴 <이미테이션 오브 크라이스트(Imitation of Christ)> 같은 책들에 깊이 영감을 받고 책에 적힌 대로 살고자 했다.

'가난한 자의 친구가 되신 예수'를 본받아 자신도 '천상의 집을 가기 위한 순례자의 삶'을 걷겠다며 병든 자를 방문하고 위로하며 겸손하게 섬기는 자가 되려고 하였다. 광부들 중에서도 가장 가난한 광부들에게 자기가 가진 돈과 옷을 주고, 자신은 오직 옷 두 벌로만 살고, 가난한 자들과 함께 감자를 먹으며 살았다. 교회에서 제공한 숙소도 거부하고 헛간에서 살고, 심지어 비누도 사용하지 않겠다고 했다는데, 이에 그의 외모는 단정하지도 못했고, 얼굴은 검댕이로 더럽혀진데다 못 먹어서 빼빼하게 여윈 모습이었다. 이런 그의 모습에 일부 광부들은 감동을 받아 전도를 받고 기독교를 받아들이기도 했지만 이는 고흐의 삶 때문이었지, 그의 유창한 설교 때문이 아니었다. 하지만 6개월 계약기간이 끝나자 교회단체는 계약 연장을 거부하였다. 고흐의 초라한 행색이 '사제직의 존엄을 훼손했다'는 이유에서였다. 고흐의 행동은 극단적으로 받아들여졌고, 광적으로 간주되었다. 이에 고흐는 "나는 진정한 그리스도인이 되고 싶

반 고흐 〈성경이 있는 정물〉 1885,
암스테르담 반 고흐 미술관

반 고흐 〈한 켤레 신발〉 1886,
암스테르담 반 고흐 미술관

어하는 건데 그들은 나를 미쳤다고 생각한다"는 글을 일기에 남겼다. 심지어 그의 아버지조차 그의 행동이 지나치다고 생각하고 아들에 대한 지원을 끊고 정신병원에 보내려고 하였다.

이렇게 제도권 교회와 충돌하며 크게 실망한 고흐는 이후 다시는 교회로 돌아가지 않겠다고 생각했고, 돌아가지 않았다. 마침 동생이 테오가 미술을 시작해보라고 권하자 고흐는 자신의 모든 종교적 갈구를 그림 그리는 열정으로 쏟아넣었다. 당시 그가 성경책과 가난한 노동자들의 신발을 그리면서 일기에 남긴 글은 교회에 대한, 그리고 하나님에 대한 그의 생각을 담고 있다.

> "저 교직자들의 하나님, 그 하나님은 죽은 하나님이다. 그렇다고 내가 무신론자냐? 나에게 신앙은, 하나님이 계시되, 죽은 하나님이 아니라 살아 계신 하나님을 믿는 것이다." [14]

이후 고흐가 남긴 그림들은 성경 이야기를 주제로 삼은 것이 많다. 특히 그는 자신이 존경하던 선대 작가들이 남긴 성경 그림을 재해석 하여 다시 그리곤 했는데, 예를 들어 밀레의 <씨뿌리는 사람>을 모델로 하여 일반 농민의 농사짓는 일상을 종교화의 무게로 담아내었다. 들라크루아의 <피에타>를 자신의 방

밀레 〈씨뿌리는 사람〉 1850

14 Letter #164 to Theo (c. December 21, 1881), The Complete Letters of Vincent van Gogh, Bulfinch Press, 1991.

반 고흐 〈씨 뿌리는 사람 (밀레를 따라)〉 1889, 암스테르담 반 고흐 미술관

〈피에타 (들라크루아를 따라)〉 1889, 암스테르담 반 고흐 미술관

반 고흐 〈선한 사마리아인 (들라크루아를 따라)〉 1890, 네덜란드 크롤러 뮬러 뮤지엄

식으로 다시 그리며 목사가 되는 대신 그림을 선택한 사람으로서 삶은 고통과 번뇌의 시간이었음을 고백하고, <선한 사마리아인>을 통해 선한 사람, 혹은 어려움에 처한 사람을 향한 자신의 마음을 담아냈다.

교회라는 제도나 조직에 더 이상 기대를 두지 않고 완전히 돌아서게 되면서 고흐는 더 이상 성경적인 주제를 그리는 대신, 그는 파리의 인상주의자들에게 영향을 받아 더 원색적이고, 열정적이고, 즉흥적이고, 직관적인, 그리고 붓질이 살아있는 이미지를 쏟아내기 시작하였다. 고흐만의 스타일이 나온 것이다. 물론 이 그림들은 팔리지 않았다. 그의 그림은 너무 낯설었고, 너무 거칠었으며, 너무 비상업적인 작업들이었다.

그에게 정신병력이 있었던 고통도 언급해야 할 것이다. 고흐를 괴롭혔던 것은 조현병, 간질, 매독, 혹은 이것들의 합병증이었던 듯하다. 그의 말년은 이런 질병들의 지속적인 공격 하에 있었고, 그는 하나님이나 세상과의 단절이 두려워질 때마다 붓을 들었다. 오늘날 우리에게 남아있는 그림들은 그가 주기적으로 제정신으로 돌아왔을 때 남긴 그림들이다.

고흐의 그림을 보면 그는 눈에 보이는 대로가 아니라, 우주의 에너지를 담고 싶어했던 것을 볼 수 있다. 하나의 나무 뿌리만 보더라도 그는 눈에 보이는 이상의 것을 표현하고 있는데, 이는 한마디로 삶의 역동성으로 정의된다. 눈에 보이지 않지만 우리의 삶에 충만해 있는 에너지. 그 에너지는 일상적이고 고요한 가운데서도 큰 소리로 움직이며 우주를 흔들고 있다. <별이 빛나는 밤에> 또한 고흐의 특징적인 '고요한 격정'을 잘 보여주고 있는 그림으로 모든 물체가 우주적인 기운의 유동 상태에 휩싸여 있음을 보여준다. 작가는 이 작품을 그리기 위해 3일 내내 밤샘을 했다고 하는데, 밤이 낮보다 더 활기차고 생생한 색채로 가득차 있다고 일기에 적었다. 힘찬 붓터치는 굽이치는 운동감을 표현하고 있으며, 달과 별들이 폭발할 듯한 에너지로 흔들리고 있다. 화면의 뒷쪽 중앙에는 첨탑이 솟아 하늘을 찌르고 있는 교회도 하나 보인다. 이것이 그의 어린 시절 네덜란드에 있던 교회라고 해석하는 이들도 있는데, 교회라는 장소가

반 고흐 〈나무 뿌리들〉 1890, 암스테르담 반 고흐 미술관

반 고흐 〈별이 빛나는 밤〉 1889, 뉴욕 모마

그의 인생에 얼마나 중요했는지를 그는 지문처럼 남겨두고 있다. 그림에서 보이는 것처럼, 이 모든 세상을 관통하고 지배하는 힘이 끊임없이 진동하며 천국과 지상의 세계를 움직이고 있음을 그는 증언한다. 반 고흐가 남긴 말을 보자.

> "나에게 절실한 요구 -아마 그것을 종교에 대한 욕구라고 불러야겠지-, 그런 갈급함을 느낄 때마다 나는 밖으로 나가서 별을 그린다.
>
> When I have a terrible need of -shall I say the word- religion,

then I go out and paint the stars." [15]

이런 작가의 고백은 작가 자신의 입장에서는 별 그림이 종교화와 다를 바 없는 심정으로 그려졌음을 말하며, 이 그림은 자신이 개신교 목사까지 되고 싶어하면서 전하고 싶었던 하나님에 대한 갈급함에서 나온 그림임을 증언하고 있다. 그를 받아들이지 않는 세상에서 조금은 미친 수도승처럼 위기에 처한 이 영혼은 강렬한 색채를 통해 심리적이고 도덕적인 의미를 부여하고, 열정적인 붓질로 우주 속에 내재하는 에너지를 표현한다. 이로써 현대미술은 강렬한 채도의 폭넓은 원색들과 형태에 담기지 않은 내면을 표현할 수 있는 자유를 확보했으며 새로운 지평을 열 수 있었다. 고흐에게 있어서 하나님, 그 무한하고 영원한 존재에 대한 심오한 갈망은 미술의 역사에 있어서도 새로운 그림의 탄생을 가능케 한 원천적이고 집요한 에너지였다.

02. 광기의 시대 - 세속화, 전쟁, 팬데믹 속의 미술

'세기말(Fin de siècle)'이라는 명칭으로 통용되는 19세기 말부터 제1차 세계대전 발발(1914) 전후의 시기는 유럽 전체를 흔드는 동요가 일어난 시기로, 중산층의 부상과 더불어 기존 질서에 대한 불만과 회의가

15 From van Gogh to Theo van Gogh, Arles, on or about Saturday 29, September 1888. Letters at the Vincent van Gogh Museum. https://vangoghletters.org/vg/letters/let691/letter.html#translation Accessed April 3, 2022.

팽배했었다. 전통적인 가치관이 도전을 받으며 정치적 불안을 초래했으며, 경직된 성 윤리나 도덕적 기준들에 대한 반발로 쾌락 추구나 방종 등, 그 반대적인 에너지들도 세력을 얻었다. 불길한 분위기가 유럽 전역에 확산되는 가운데 결국 1차 세계대전이 터졌으니 이 긴장감이 결국은 폭발했다고 볼 수도 있을 것이다. 그러나 전쟁 중은 물론, 전쟁 이후에도 세계대전이 남긴 여파는 지대했으며, 유럽 전역으로 확산된 팬데믹의 출현으로 혼돈의 시기는 더 길게 이어졌다.

점점 세속화되는 문명 속에서 기독교가 힘을 잃어 간 이 시기의 미술에 대해 언급하지 않을 수 없는 이유는 이 중 많은 작품들이 기독교에 대한 깊은 회의를 드러내고 있기 때문이다. 이런 경향은 몇몇 미술가들을 거쳐 독일 표현주의에서 두드러지게 나타난다. 미술사학자 고든(Donald Gorden)이 지적한 바 있듯이, "독일 표현주의는 중산층의 순응성, 멸균된 종교성, 관습적인 도덕성에 대한 반란이었다. (German Expressionism was a revolt against the constrictions of middle-class conformity, sterile religiosity, and conventional morals.)" 여기서 '멸균된 종교성'이란 무슨 의미인가? 종교계에는 균이 없다는, 다시 말해 종교계는 완전무결하다는 뜻이다. 일종의 환상인 셈이다. 실제적으로는 종교계가 타락과 방종으로 얼룩져있는데, 스스로 깨끗한 체하고 있는 위선이 혐오스러웠다는 의미이다. 이 시기 많은 미술가들이 인간을 가면이나 괴물로 표현하고 있는 것도 같은 맥락에서 이해할 수 있는 문화적인 현상일 것이다.

심상치 않은 기운이 반영되는 초기의 예로 북유럽 벨기에 출신의 앙소르(James Ensor, 1860-1949)를 언급할 수 있다. 앙소르의 <그리스도의 브뤼셀 입성>(1889)은 그 제목 상, 전통적인 종교화의 분위기가 있지

앙소르 〈그리스도의 브뤼셀 입성〉 1889, 로스앤젤레스 게티미술관

만, 사실은 그렇지 않다. 그림의 주제가 성경의 '그리스도 예루살렘 입성'에서 나왔고, 그림이 예수님의 모습에 초점을 둔다고 생각할 수 있지만, 화면을 가득 메우고 있는 이 종교 축제는 사실 히스테리에 가득찬 '사회주의의 축제'이다. 수많은 군중이 숨쉴 틈이 없이 갑갑하게 들이차 있는 공간은 조그만 빈 공간이라도 남겨서는 안된다는 편집광적 강박관념(horror vacui)을 보이고 있는 듯 하다. 밝고 현란한 색깔들이 부딪히는 가운데 떠들썩한 카니발 행진의 인파 속에서 그리스도의 모습은 어디에 있는지 찾기도 힘들다. '숨은 그림 찾기'라도 하듯이 자세히 살펴본 후에야 비로소 저 뒤에 당나귀를 탄 작은 인물이 후광을 두르고, 축복하는 듯

손을 올리고 있다는 것을 알 수 있는데, 그는 화면의 뒤쪽에 매우 그려져 있어 한참을 보아야 간신히 발견할 수 있다. 이 그림에서 군중을 불러 모은 진짜 이유는 화면 윗부분 전체를 가로질러 펼쳐져있는 거대한 빨간색 현수막을 통해 확인이 되는데, 이 현수막에는 '사회주의 만세(Vive la sociale)' 라는 글씨가 적혀있다. 비극은 그리스도가 없는 것이 아니라 심지어 예수 바로 옆에 있는 이들조차 예수에게는 아무도 관심을 가지고 있지 않다는 것이다.

이렇듯 작가는 인간의 지위와 도덕성의 문제, 또 부르주아 사회에 대한 경멸을 토해내듯 외치고 있다. 시니컬한 비관주의적인 세계관을 현대판 종교화에 담아 반영하고 있다. 앙소르의 그림에 등장하는 인간들이 모두 가면이라도 쓴 듯 광대나 괴물처럼 거칠게 그려진 것도 이곳이 마귀들의 난장판임을 강조한다. 그림을 지배하는 불안하고 불길한 기운은 기존에 존재하던 일체의 가치들에 의문을 제기하며, 인간 내면에 깊숙이 자리한 정신분열적인 면모를 드러낸다. 우리는 이런 광기의 표현이 다분히 의도적인 것이었음을 기억해야 할 것이다. 지금까지 비정상적, 비도덕적, 비기독교적인 내용에 대해 엄격하게 감시하고, 저지하던 제동을 놓아버린 것이다.

뭉크 〈절규〉 1893, 노르웨이 국립 미술관

뭉크의 <절규>(1898) 역시, 비슷한 시기의 그림으로, 광기 어린 정신심리 상태가 직설적으로 느껴지는 작품이다. 노르웨이 출신인 뭉크의 경우, 어린 시절 사랑하는 어머니와 누이가 죽는 것을 목격했고, 자신도 평생 우울증에 시달린 비극적인 개인사가 있다. 뭉크 자신의 말에 따르면 "질병, 광기, 그리고 죽음. 이들은 나의 요람을 지키는 암흑의 천사였다." <절규>를 그린 배경에 대해 작가는 다음과 같이 말한다.

> "해 질 무렵, 두 친구와 함께 길을 걸어가는데
> 갑자기 하늘이 붉은 핏빛으로 변했다.
>
> 나는 지쳐 잠시 멈춰서서
> 울타리에 몸을 기댔다.
>
> 검푸른 협만과 도시 위로
> 피와 불의 혀가 있었다.
>
> 내 친구들은 계속 걸어갔지만
> 나는 공포에 얼어붙은 듯 서 있었다.
>
> 그리고 나는 들었다.
>
> 영원으로 이어지는 비명소리가
> 자연을 가로질러 지나가는 것을."[16]

---

16 Zuzanna Stanska, "The Mysterious Road From Edvard Munch's The Scream". Daily Art Magazine, December 12, 2016.

결국 작가는 자신의 머리 속에서만 들린 비명 소리를 그린 것이다. 그것이 뭉크를 진정 혁신의 자리에 위치시킨다. 단순히 눈에 보이는 '인물'을 왜곡하여 그린 것이 아니라, 눈으로는 보이지 않는 '소리'를 그렸다는 점 말이다. 일부 학자는 이것이 뭉크의 광장 공포증, 즉 넓은 공간에서 가지는 공황 장애에서 유래한 발작적 비명이었다고 해석하기도 한다. 뭉크를 지배했던 질병과 가난, 염세주의적인 태도는 그가 여성을 인식하는 경향에서도 드러난다. 여성에 대한 부정적 생각을 가지고 있던 그는 여성을 그릴 때 반대되는 성격의 양가적 상태를 곧잘 그렸다. 다시 말해 그에게 여성의 태에 잉태한 존재는 '태아'이자 '송장'이었고, 여성이라는 존재는 '성처녀'이자 남자의 피를 빨아먹는 '흡혈귀'였다. 시대의 광기를 예언하듯, 불안정한 심리와 정신분열적인 면모를 조형 언어로 담아낸 뭉크는 이후 '표현주의'의 시조로 널리 이해된다.

고갱 〈노란 그리스도〉 1889,
미국 버팔로 AKG 미술관

고갱(Paul Gauguin, 1848-1903) 역시, 기독교적인 주제와 반기독교적인 주제를 내면적으로 충돌시키는 작업들을 한 바 있다. 아직 타히티로 떠나기 전, 그는 성경적인 주제를 여럿 남겼는데, <설교 후의 환영>(1888) 이나 <노란 그리스도>(1889)가 그 예이다. <노란 그리스도>는 십자가에 달리신 예수의 모습을 담고 있는데, 이들은 모두 원래 이야기가 등장한 성경 속의 역사적, 지리적 배경과는 달리 당대 퐁타벤 지역 농민 여인들을 같은 화면에 담고 있어 상상의 영역이 가미된 것을 알 수 있다.

고갱은 눈에 보이는 대로가 아니라 자신의 마음 속에 있는 환영을 담아내고자 했고, 자신이 느끼는 강렬한 감정을 밝은 채도의 색깔로 표현하고 싶어했다. <황색의 그리스도>는 십자가상이라는 전통적인 기독교 도상임에도 불구하고 '서구 기독교에 대한 고갱의 거부'를 보여준다고 널리 해석된 바 있는데, 이는 보다 원시적이고 비유럽적인 성격의 영성에 매료되었던 그의 이후 삶과 태도를 반영한 해석이다. 비슷한 시기에 남긴 <자화상>(1889) 역시 기독교에 대한 화가의 복잡한 속내를 반영한다. 작가는 자신을 선악과와 함께 제시하는데, 머리 위에는 후광을 두르고, 손에는 가는 뱀을 들고 있다. 자신을 신성시 하고 있는 동시에 죄악과 결부시키기도 하여 천사 같기도 하고, 악마 같기도 하다. 이는 마치 자신을 '새로운 시대의 아담'으로, 혹은 '미술계의 새로운 메시아'로 그리고 있는 듯 보이기도 한다. 기독교를 포함한 기존의 서구 문명 일체에 염증을 느꼈던 고갱은 타히티로 떠나 원주민들이 믿는 토속적인 종교에 심취하였고, 보다 원시적인 종교를 그림으로써 서구문명에 오염되지 않은 보다 본질적이고 순수한 근원으로 다가설 수 있다고 믿었다. 예컨대 <우리는 어디서 왔고 우리는 누구이며 우리는 어디로 가는가>(1897)는 이런 원시 토속 종교의 아이콘을 화면에 담으며 철학적이고 종교적인 질문을 던지고 있는데, 서구 문명 및 기독교에 대한 부정적인 생각을 그 근간에

고갱 〈자화상〉 1889,
내셔널 갤러리 오 브아트, 미국 워싱턴

고갱 〈우리는 어디서 왔고 우리는 누구이며 우리는 어디로 가는가〉 뮤지엄 오브 파인 아트, 1897, 보스톤

깔고 있다.

독일 표현주의의 시발점에 있는 놀데(Emil Nolde, 1867-1956)의 경우, 성경 이미지들은 그의 돈독하면서도 복잡한 심경을 담아낸다. <그리스도의 생애> 시리즈를 남긴 바 있는 작가의 작품들은 성경의 이미지를 담아내는데 있어서 고도로 영성적이고 환상적이면서도 괴기하고 그로테스크하다. <최후의 만찬>(1909)에서는 화면의 중앙에 가장 큰 크기를 차지하고 있는 예수를 중심으로 제자들이 둘러앉아 있는데, 모두 무시무시한 얼굴들로 그려져 있다. 화면은 구도상 중경이나 후경이 없이 모든 인물들이 화면의 전경으로 밀어붙여져 공간을 채우는데, 관람자는 눈 앞에 너무 가깝게 다가온 인물들로 인해 시간적으로 임박한 위기를 느끼게 된다. 그리스도의 얼굴은 노랗게 불타는 횃불처럼 그려져 있고, 다른 제자들도 가면같은 얼굴이 거칠게 문지른 자국과 야만적인 색채, 조잡한 형태로 그려져 있다. 그림의 소재나 제목은 종교화이지만 이것은 결코

놀데 〈최후의 만찬 〉 덴마크 내셔널 갤러리, 1909, 코펜하겐

종교적인 헌신이나 명상을 위한 그림이 아닌 것이다. 그림은 초자연적인 순간을 지배하고 있는 불안하고 두려운 감정들에 집중하고 있다.

<어린아이들 속에 있는 그리스도>(1910)에서는 화면이 예수를 중심으로 좌우로 나뉘며 왼쪽에는 어른들이, 오른쪽에는 어린이들이 그려져있다. 어두운 색깔로 그려진 어른들의 영역과 밝은 색깔들로 그려진 아이들의 천진난만한 활기가 두 개의 경쟁하는 세력으로 맞서고 있어 '선과 악' 사이의 긴장감으로

놀데 〈어린아이들 속에 있는 그리스도〉
뉴욕 모마, 1910

서로 맞선다. <알랑거리는 자(Flatterer)>(1919)에는 벗은 여성과 어울리고 있는 옷을 입은 녹색 얼굴의 매부리코 남자가 그려져있는데, 이는 여성을 희롱하고 있는 종교 지도자로 해석되어 <광신자(Fenatic)>라는 제목으로 불리워졌다. 종교적인 위선을 고발하는 그림으로 받아들여진 것이다. 그 외에도 성적으로 도발적인 포즈를 취하는 나체의 여성과 십자가를 든 남성이 한 화면에 그려진 예를 <황홀경(Ecstasy)>(1929) 같은 작품들을 통해 볼 수 있다.

이런 의미에서 놀데가 남긴 <황금송아지를 에워싼 춤>(1910), (그림 95)과 <거칠게 춤을 추는 아이들>(1909)은 의미있는 비교가 될 수 있다. 이 두 이미지는 그 내용상 성격이 완전히 다른 듯 하면서도 사실 매우 흡사하다. <황금송아지를 에워싼 춤>은 출애굽기 32장에 등장하는 금송아지 우상 옆에서 춤을 추던 이들의 이야기를 담고 있으며 당연히 하나님 앞에서 벌을 받아 마땅한 이들의 잘못이 지적당하는 도덕적이고 종교적인 문맥을 가지고 있다. 이들이 받게 될 벌은 이들이 온 몸으로 표현하고

놀데 〈광신자〉 스프랭글 미술관, 1919, 독일 하노버

놀데〈황금송아지를 에워싼 춤〉 1910

놀데 〈거칠게 춤을 추는 아이들〉 1909

있는 열광적인 디오니소스적인 에너지의 폭발 및 그 광기에 비례한다. 반면 <거칠게 춤을 추는 아이들>(1909)은 황금송아지 그림을 붙잡고 있던 성경적 레퍼런스나 도덕적인 정죄함에서 벗어나 오로지 춤의 에너지에만 집중하고 있는 어린아이들을 그리고 있다. 둘 다 강렬한 색채와 과장된 몸짓, 의도적인 거친 붓자국 등을 통해 표현되는 무절제적인 기운을 담아내지만, 제목에 따라 그 의미가 너무나 달라지는 예를 놀데는 보여주는 듯 하다. 어쩌면 놀데의 메시지는 '성경적인 주제'와 소위 '세속적인 주제'로 구분하여 그림을 그리거나 읽는 것이 얼마나 무의미한 일인가를 보여주는 듯 하다. 다시 말해, 현대미술의 이런 지점들에서 '종교화'와 '비종교화'는 그 경계가 흐려지고 구별이 어려워진다.

1차 세계대전을 전후하여 타락한 도시의 모습, 비관적인 사회상, 그외 자화상 및 인물화들을 많이 남긴 독일 표현주의 그림들도 자포자기한 심정과 사회에 대한 쓰디 쓴 혐오의 감정을 표현한다. 당시 이들은 '높은 가치관과 건전한 성향'을 가졌다고 주장하는 사람들에 의해 비도덕적이고 병적으로 간주되고 공격을 받기도 하였다. 미술계 내부에서 서로 자신이 더 도덕적으로 우월하다고 주장하는 형국이었다. 예를 들어 미국에서는 이런 독일 미술은 미치광이들의 미술이니 전시하지 말아달라는 운동이 일어나기도 하였다.[17] "독일 미술에 나타난 불안정하고 폭동적인 성향은 이제 충분한 피의 대가로 드러났으니 이런 성향은 다시 미술 속에서 살아나서도 안되고 격려되어서도 안된다"는 공식적인 탄원서였다.

17 독일 미술을 전시하지 말아달라는 탄원서를 미국미술협회 총무가 리라 맥린(Leila Mechlin)이 크리스티나 브린턴(Christina Brinton)에게 1918년 11월에 제출한 기록이 남아있다. Mechlin to Brinton in Art News 17, Nov. 19th, 1918), p. 1.

소위 '광적인 미술'과 관련하여 한 가지 더 기억할 만한 흥미로운 사실은 이런 '미치광이들의 그림'은 히틀러 및 나치에 의해서도 그 '건전하지 못한 성격'으로 낙인찍히며 '퇴폐미술'로 규정되었다는 사실이다. 나치는 이런 그림을 그린 미술가들을 정죄 및 탄압하고 그들의 그림은 압수하고 소각하였다. 종교나 정치적 위선에 반발하며 나온 표현주의자들의 감정적인 반항과 폭력의 언어를, 나치는 '나약한 미치광이들의 병든 미술'로 몰아부쳤고, 열등한 존재로 경멸하고 도덕적으로 정죄하며 도리어 이를 통해 상대의 세력을 약화시키고, 나치의 우수함과 윤리적인 우월성을 강조하는 정치적 발판으로 삼은 것이다.

심지어 미술계 내부에서도 서로가 자신이 더 도덕적으로 옳다며 반듯함을 강조하고, 타인을 정죄했지만, 어느 세력이 타당한가에 대해서는 늘 조심스러이 경각심을 가지고 살필 일이다. 종교개혁의 후예들 같은 단합된 정의감이나, 나치가 스스로 반듯하다고 의도적으로 선전한 '정의감'이나 둘 다 '도덕성'을 강조하고 있기에, 겉으로 보기에는 둘 다 '정의의 사도'처럼 보인다. 하지만 정말 선을 이루고 사회를 바로 세우고자 하는 순수함에 근거한 염려와 분노인지, 아니면 상황 속에서 자신의 도덕적 수월성을 교묘하게 선전함으로써 타인의 인정과 칭송을 받아내고 아직 불안한 스스로의 정치적 입지를 공고히 하려는 계산인지, 지혜로움으로 살필 일이다. 이처럼 20세기 초반의 독일은 독일 표현주의를 통해서도 읽을 수 있듯이, 염증과 분노, 타락, 비난, 자기 의로움, 상대 정죄, 자포자기, 염세주의, 냉소적인 태도와 무서운 독재, 정치적 계산들로 점점 더 혼란의 도가니로 빠져든 역사의 한 단면을 보여준다.

팬데믹

1918년 1차 세계대전 종식 시점에 시작하여 1919년까지 유행했던 스페인 독감(Spanish flu) 역시, 유럽 전역을 두려움과 혼란으로 몰아넣은 예가 되겠다. 자그마치 세계 인구의 약 1/3을 죽음으로 몰아넣었던 전염병이었기 때문이다. 당시 16억 인구 중 5억 명이 감염되고 5천만 명이 사망한 것으로 추정되는 세계적인 팬데믹이었지만, 전쟁 중에 있던 국가들에서 독감에 대한 보도를 검열하여 언론 통제하는 가운데, 병에 관한 정보들은 축소 보도되었다. 당시 전쟁에 개입하지 않았던 스페인에서만 독감에 대해 자유롭게 보도를 한 바람에 스페인에서 유행하던 병으로 인식되어 '스페인 독감'이란 이름을 얻게 된 것이다. 병세의 빠른 진행으로 인해 '3일 독감'이라는 별칭으로도 불렸다고 한다. 당시는 치료제로 사용할 항바이러스제나 2차 감염용 항생제도 없던 시절이라 환자들은 속수무책 희생되었고, 공식적인 확진자 명부도 없이 많은 이들이 사라져 갔다. 공식적인 기록들이 묻혔기 때문에 팬데믹을 겪었던 미술가들에 대한 정보 또한 얻기가 쉽지 않지만 개인 작가들의 고백이나 그 주변 사람들의 기록, 그리고 작품에 기반하여 쉴러와 뭉크가 겪었던 일을 알 수 있다.

〈쉴레〉

오스트리아 출신의 에곤 쉴레(Egon Schiele, 1890-1918)는 신경발작적이고 불안한 선들로 가득차 있던 그의 인물상들로 알려져있다. 근친상간의 혐의에서 자유롭지 못했고, 포르노그라피와 소아성적인 죄목으로 체포되기도 했다. 그의 해체된 자화상은 당시 금박을 입힌 아름다운 클림트의 인물화들이 인기를 누리던 비엔나의 사회문화적 배경 속에서 거의 공포스러운 수준이었다. 오늘날의 기준으로 보더라도 그의 그림은 에로틱하고 기괴하면서도 깊은 내적 슬픔을 담아내고 있다. 그의 그림 자체가 시대에 대한 반항으로 특히 성적이고 도덕적인 기준에 대한 정면 도전 같은 것이었다. 마디가 두드러진 과장된 손가락과 깡마른 몸, 뒤틀린 자세과 불안한 시선은 기성세대에 대한 불안과 저항에 더해 흔들리는 자아 이미지에서 유래한 왜곡 및 자기연민적 심리를 드러낸다.

그런데 1918년, 쉴레는 그가 평소 그리던 신경쇠약적인 그림들과 달리, 아주 예외적으로 평온한 그림을 그리고 있었다. 이런 상황은 쉴레가 갓 결혼하면서 새신랑이 되고, 사랑하는 아내 에디트가 임신을 하자 잠시 꽃핀 기쁨의 결과였다. 쉴레의 그림이라고 보기 어려울만큼 평온한 안정감이 자리한 이 그림에는 아직 태어나지 않은(에디트 뱃 속에 있는) 귀여운 아기의 모습까지 포함하여, 세 가족의 가상적인 초상이 담겨있다.

쉴레 〈가족〉 1918, 비엔나 벨베데레 미술관

그러던 중, 가까이 지내던 멘토이자 선배 화가였던 클림트(Gustav Klimt, 1862-1918)가 세상을 떠나자 쉴레는 클림트를 방문하였다. 클림트는 뇌졸중으로 쓰러졌지만 폐렴(Pneumonia)으로 사망했기 때문에 스페인 독감과 관련된 합병증으로 사망한 것으로 추정된다. 쉴레는 위대한 미술가이자 자신을 키워준 멘토 역할을 했던 클림트의 마지막 모습을 드로잉으로 남겼다. 그렇다. 이것이 <키스>로 유명한 클림트가 간 마지

쉴레 〈클림트의 마지막 모습〉

쉴레 〈에디트의 마지막 모습〉 1918

막 모습이었다.

그런데 비극적인 이야기는 여기서 그치지 않는다. 같은 해 가을, 당시 창궐했던 스페인 독감에 임신 6개월 차의 아내, 에디트가 감염되었기 때문이다. 독감은 고열과 환각, 극심한 고통을 동반했는데, 쉴러는 이런 아내의 병상 모습도 드로잉으로 남겼다. 쉴레가 그린 아내의 마지막 모습은 얼굴이 검은 반점들로 덮인 채 눈을 반쯤 감은 에디트의 기진맥진한 얼굴을 담고 있다.

드로잉이 그려진 다음날, 에디트는 배 속에 아기를 품은 채 목숨을 잃었다. 뱃속의 아이는 영원히 태어나지 못했다. 그리고 에디트가 세상을 떠난 3일 째 되는 날, 쉴레 역시 그녀의 뒤를 따라 세상을 떠났다. 28세의 젊은 나이였다. 평생 불안한 느낌에 사로잡혀 있었고, 가족력이기도 했던 매독과 정신착란의 위험 속에서 신경병적인 증상을 보였던 그가, 비로소 행복한 가정을 꿈꾸며 그린 그림이었던 <가족>이, 그의 생전 마지막 그림이 된 이유이다.

〈뭉크〉

스페인 독감에 걸렸던 사람 가운데는 널리 알려진 작가, 뭉크도 있었다. 우리는 이 사실을 뭉크가 남긴 <스페인 독감에 걸렸을 당시의 자화상>(1919)을 통해 알 수 있다. 그림은 격리된 공간에서 가운을 걸친 채 외롭게 의자에 앉아있는 작가의 모습을 담고 있는데, 눈이 거의 비어 있고 입도 벌어져 있어 휑하니 정신이 나간 상태의 작가를 보여준다. 고열과 환각, 호흡곤란은 물론, 사람에 따라서는 어지럽고, 시야가 뿌예지고, 기억이 상실되고, 머리카락과 이빨과 빠지고, 청각과 후각을 상실하기도 했다는데, 이런 증상 중 뭉크가 경험했던 것이 무엇인지는 알 수 없지만 병으로 인해 그의 정신적, 육체적 에너지가 고갈된 상태에 놓이게 되었던 것은 분명하다. 다행히 뭉크는 병에서 회복한 생존자였다. 하지만 건강하고 활기찬 회복은 아니었던 듯 하다. 병을 앓고 난 이후에 연이어 남긴 <스페인 독감 이후의 자화상>(1919)은 이마 부분에 붉은 붓질이 낙인처럼 남아 병이 남긴 타격을 반영하며 작가의 멍한 모습이 초췌한 몰골로 그려져 있다. 그림을 보면, 특별히 잘 그리려고 애썼던 것도 아닌 것 같고, 다른 작품들에 비해 특별

뭉크 〈스페인 독감 이후의 자화상〉
뭉크미술관, 1919, 오슬로

히 급진적인 형식도 보이지도 않는다. 오히려 간신히 붓질로 채운 이 작업들은 붓을 들 기력도 없이 혼미한 가운데서도 그려야 한다는 강박관념에 흔적을 남겼던 작가의 일기장처럼 느껴진다. 사실 뭉크에게 스페인 독감은 특별히 두려운 병이었을 것이다. 어린 시절, 불과 5살의 나이에 어머니를 결핵으로 잃었던 그는, 15살 때 한 살 아래 누이가 다시 결핵으로 죽어가는 과정을 가까이서 지켜보았고, 이로 인해 평생 결핵에 대한 트라우마에 시달렸다. 몸이 약한 아이로 태어나 자신도 만성적 천식성 기관지염을 앓았다. 폐와 관련된 병들에 특별히 취약했을 뿐 아니라, 가족력으로 이어지는 신경정신계 질환들이 있었고, 이들로 인해 늘 광기와 죽음의 공포에 시달렸다. 앞서 언급했다시피, 뭉크는 "질병과 광기와 죽음…이들은 태어난 날부터 평생 나와 함께하였다"고 말한 바 있는데, 이런 개인사적인 배경을 생각해 보면 스페인 독감으로 사방에서 사람들이 죽어가는 것을 보면서 작가가 느꼈을 공포가 남달랐을 것이라는 사실을 짐작할 수 있다. 사실 뭉크가 평생토록 남긴 작품들을 관통하는 대표적인 성격이 공포와 혼돈, 절망감과 같은 감정들이었던 만큼, 전염병을 앓았던 당시의 개인적인 경험들도 그의 작업과 떼려야 뗄 수 없는 실존적인 경험으로 부각되었음을 생각해 볼 수 있다.

이처럼, 작가들과 그들의 작품을 통해 보는 스페인 독감은 지극히 개인적인 경험에 관한 내용이었다. 이들은 팬데믹에 거대한 철학적인 의미를 부여한다기보다는 실제 몸으로 경험했던 탈진상태, 공기의 희박함, 죽음에 대한 두려움 등을 작업으로 남겼다. 폴 클레(Paul Klee)의 경우에도 스페인 독감에 감염되었지만 크게 고생하지 않고 하루 만에 회복했다는 기록을 남겼는데, 1차 세계대전 중 전장에서 경험한 것이었으며, 그림은 없고, 일기처럼 글로 적은 내용이 남아 있다.

〈팬데믹 이후의 현대미술〉

그렇다면 스페인독감 펜데믹이 우리에게 남긴 의미를 우리는 어떻게 이해할 수 있을까? 전쟁 통에 전염병까지 돌았으니 사방에 죽음이 창궐했다. 이런 의미에서 1918-1919년에 창궐했던 팬데믹은 1차 세계대전과 더불어 사회를 공포, 광기, 혼란의 도가니로 치닫던 당대의 분위기를 고조시키는 많은 요소 중 하나로 받아들여졌다. 바꾸어 말하면 전쟁, 전염병, 매춘, 정치적인 부패, 사회적인 혼란 등, 여러 가지 요소들이 합쳐서 광기어린 시대의 거대한 흐름을 만들었다고도 할 수 있을 것이다. 1915년부터 1924년 경까지 활동하던 다다이스트들은 이런 살육과 파괴에 대한 증인들이었다. 증오와 냉소로 가득했던 그들에게는 전쟁, 전염병, 죽음, 부패, 인간성 말살, 광기, 타락이 모두 하나로 연결되는 의미였는데, 한 예로, 그로츠(George Grosz)는 자신의 작품 <장례행렬>(1917-1918)에 대해 다음과 같이 말한 바 있다.

> "기괴한 밤의 거리. 비인간화 된 이들의 지옥 같은 행렬이 이어진다. 술, 매독, 그리고 전염병(plague)을 드러내는 얼굴들… 미쳐가는 사람들 속, 상실되는 인간성에 대한 저항으로 난 이 그림을 그렸다.
> (In a strange street by night, a hellish procession of dehumanized figures mills, their faces reflecting alcohol, syphilis, plague … I painted this protest against a humanity

그로츠 〈장례행렬〉 1917, 슈투트가르트 주립미술관

that had gone insane.)"[18]

"죽음은 온전히 다다적인 사건이다"라는 표현에서도 알 수 있듯이, 주변에 산재했을 '죽음'이라는 경험과 개념을 다다는 미학적인 활동의 기반이자 영감으로 삼았다. 이는 "다다의 시작은 예술이 아니라, 역겨움이었다(The beginning of Dada were not the beginning of art, but of disgust.)"[19]라고 말한 트리스탄 차라(Tristan Tzara, 1896-1963)의 유명한 구절과도 일맥상통한 의미이다. 다다 멤버들은 1차 세계대전으로 인간성을 말살한 기성세대를 철저히 조롱하였고 과거의 부조리하고, 불합리하고 모순된 잣대들을 무효화 하는 세상을 만들고 싶어했다. 취리히, 파리, 하노버, 베를린 등 유럽의 도시들은 물론 뉴욕까지 뻗어나가 동시다발적으로 활동한 이들은 기존의 미의 개념을 부정하고, 관습의 온전한 죽음을 통해 모든 것을 백지화한 상태를 열망했다. 반예술, 반전통, 반이성 등의 가치를 표방하며 극단적으로는 스스로의 미적 활동마저도 미술의 영역에서 부정해야 하는 모순을 끌어안았다.

이렇게 세상은 점점 어지러워져 갔지만, 사람들은 더 이상 기독교에서 해결책을 찾지 않는 시대가 되었다. 미술에서도 오히려 기독교에 대한 반항과 반발만 발견될 뿐, 이후 현대미술에서 기독교는 언급조차 되지 않는 주제가 되었다. 기독교는 더 이상 예술의 관심사가 아니고, 현대미술은 그저 현대미술의 길을 간 것이다. 그래도 이전의 시대에서 종교

---

18 Wolf, Norbert; Grosenick, Uta. Expressionism. Taschen, 2004, p. 42.
19 Tristan Tzara, "Lecture on Dada," repr. and trans. in The Dada Painters and Poets: An Anthology, ed. Robert Motherwell, 1989, p. 250.

적인 역할을 하였던 기능은 명맥을 유지하는데, 이 점을 우리는 더 살펴볼 것이다.

이후의 현대미술에서는 기독교에서의 복음은 빠지고, 오로지 영성, 정신성, 추상성, 본질만을 강조하는 성향이 기존 기독미술의 자리를 대신하게 된다.

Art Church Bible

Ⅷ

현대미술과 영성

01 눈으로 볼 수 없는 것들 -추상화의 대두

02 말레비치 케이스

03 우리 시대의 '절대 순수' -이제 어디로?

04 빛의 미술

Ⅷ.
현대미술과 영성

01. 눈으로 볼 수 없는 것들 -추상화의 대두

세잔

세잔(Paul Cézanne, 1839-1906)이 르누아르의 꽃그림을 싫어했다는 이야기가 있다. 흐드러지듯 몽실몽실 나른하게 그린 르누아르의 꽃다발은 알맹이가 없이 흐물흐물한 솜뭉치 같아서 싫어했다는 내용이다. 세잔은 인상주의 화가들이 사용했던 밝은 색채는 좋아했지만, 인상주의 화가들이 화려한 외양에만 치중하는 것에 불만을 느꼈다. 인상주의자들이 그린 것이 고작 '외양'이자 '껍데기'라고 생각했다. '사물의 표피'에서 반사되는 빛은 만질 수 있는 실체가 없는 것으로, 그 효과는 시시각각 변하는 것이었다. 이것은 지속성이 없고, 허무하고 헛된 것이었다. 오늘날의 표현으로 '조명빨' 뿐인 미술이었던 것이다. 차라리 세잔에게 중요했던 것은 그 반대, 변치않는 '항구적인 가치'였다. 그 외부적인 환경이 어떻게 바뀌든 변치않는 본질. 빛이 내리쬐든, 눈보라가 치든, 그런 외부적인 요소들과는 상관없이 언제나 특정한 사물을 그 사물답게 만들어주는 변화하지 않는 기본적인 구조를 그는 추구하였다. 알맹이만 남은 단단한 핵심만이 그에게는 중요했다.

사물에서 오직 본질만을 남기기 위해 세잔이 선택한 방법은 필요 없는 것들을 그림에서 빼 나가는 것이었다. 부수적이고 잉여적인 요소들을 버리고 또 버린 것이다. 이에 그에게 그림이란 한 우물을 파는 연구 같은 것이었다. 세잔의 <생 빅토와르산> 시리즈가 보여주듯이 세잔은 하나의 장소를 반복적으로 그렸다. 마치 동일한 학습지를 반복해서 풀다보면 그 문제들을 잘 풀게 되고 더 높은 실력을 가질 수 있듯이 옹고집의 성격이었던 세잔은 그렸던 장소를 보고 또 보며 필요 없는 것을 그림에서 지속적으로 삭제해 나간다. 세잔의 초기 그림들에 아직 전형적인 풍경화의 자연주의적인 요소들이 많이 남아있던 반면, 그의 후기 그림들은 점점 그 형태가 환원되고 단순화되어 입체보다는 면들로 가득차고, 한결 추상화에 가깝게 변모한 것을 볼 수 있다. 단순히 눈에 보이는 외양이 아니라, 그 내면의 진실을 그는 읽고 싶었던 것이다.

세잔 〈생 빅토와르산〉 1904-6, 파리 오르세미술관

세잔 〈생 빅토와르산〉 1904, 필라델피아미술관

이처럼 '눈에 보이는 것을 넘어 존재하는 세상'은 인간에게 늘 숙제처럼 탐구의 대상으로 남아왔다. 미술에서 이 영역은 20세기에 이르기까지 직접적으로 건드려지지 않았다고도 할 수 있는데, 이는 인류의 역사를 통해 미술은 늘 그 대상을 쉽게 알아볼 수 있는 방식('일루저니즘'이라는 단어로 설명한다)으로 그려졌다는 의미에서 그러하다. 사물을 눈에 보이는 그대로 모방하여 닮게 그리려는 노력은 앞 장에서 언급된 인상주의자들에게도 적용되는 것이었다. 물론 이런 자연주의적 이미지들에서도 우리는 어떤 정신적이거나 감성적인 내용을 느낄 수 있다. 바로크 정물화에 등장하는 바니타스 사물들에서 볼 수 있는 것처럼 해골이나 모래시계와 같은 특정한 사물에 상징적이거나 은유적인 의미들이 담긴 예도 있고, 이런 암시를 통해 비간접적으로 전달되는 내용들이 있었다. 이런 경향은 20세기 이전의 모든 서양미술, 다시 말해 19세기의 신고전주의, 낭만주의, 사실주의, 그 이전의 르네상스나 바로크 미술은 물론이고, 더 거슬러 올라가 중세미술, 고전미술, 심지어 선사시대 벽화에 이르기까지 적용되는 방식이었다. 단, 여기서의 한계는 미술이 늘 '눈에 보이는 무엇인가를 닮게 그려야 한다'는 강박관념과 관련이 있다.

하지만 세잔의 경우에서도 볼 수 있듯이, 20세기 들어서는 눈에 보이는 '껍데기'를 그리는 대신 그 근저에 존재하는 실재를 담아내고자 하는 갈급함에 부딪힌 것 같다. 이런 입장은 당시에 회자되었던, "리얼리즘은 와전/변질된 리얼리티(Realism is a corruption of reality)" 라는 표현에서도 생각해볼 수 있다. 사물의 외양이 필연적으로 가지고 있는 왜곡이나 불완전함을 넘어 인생에서 진정으로 중요한 것들, 다시 말해 정신적이고 영적인 영역을 표현할 수 있는 보다 적극적인 방식, 그 혁신적이고 새로운 언어에 대한 가능성이 20세기 초에 탐험되기 시작한다.

순수 추상미술은 이런 문화적 논리를 배경으로 등장하였다. 한 눈에 무엇인지 알아볼 수 없는 그림을 그림으로써 비로소 자연의 외양을 모방하고 묘사하는 기능에서 벗어나 인간의 내면의 깊이, 혹은 영적인 세상을 담아낼 수 있을 가능성을 추구하게 된 것이다. 이것은 큰 그림에서 볼 때 기독교적인 정신과도 맥이 닿는 생각이다. 비록 개신교 미술에서 기독교적인 아이콘들은 없어졌지만 영적인 세상은 우리의 삶 속에 여전히 존재하는 것인데, 그것을 표현할 시각 언어는 부재로 남아 있었던 것이다. 하나님의 세상을 어떻게 표현할 수 있는가. 추상미술의 등장하기까지 인류가 20세기까지 기다려야 했다는 것은 인간이 과거의 고정관념을 벗어나는데 얼마나 긴 시간이 필요했는지를 절감하게 한다.

추상미술의 선구자적인 기수로 칸딘스키와 몬드리안을 꼽을 수 있겠다. 물론 모든 지식이 진공의 공간에서 탄생하는 것이 아니고, 거슬러 올라가자면 고흐나 세잔 등, 과거에 영감을 제시한 작가들을 이들의 미술사적 선조로 볼 수 있겠지만 말이다. 현대미술에서 칸딘스키와 몬드리안은 같은 목표로 나아가되, 정반대 방향으로 작업한 작가들이기도 하여 더욱 흥미롭다.

칸딘스키

칸딘스키(Wassily Kandinsky, 1866-1944)의 경우, 처음부터 추상적인 미술을 그린 것은 아니었다. 그의 초기 작업을 보면 여느 작가와 마찬가지로 교회나 나무, 산이나 말 등의 재현적인 요소를 알아볼 수 있는 디자인으로 그린 것을 볼 수 있다. 러시아 출신으로 원래 법학도이기도 했던 그는 어느날 모네의 건초 더미 그림들을 마주하며 숭고한 (sublime) 느낌을 받았고, 그 경험 때문에 자신의 법학 교수 커리어를 나이 30에 버리고 본격적으로 미술학교에 등록하는 등, 전업 작가로 그림을 그리기로 결심했다. 그가 추구한 것은 미술에서의 영성

칸딘스키 〈작은 즐거움들〉
구겐하임미술관, 1913, 뉴욕

(spirituality)이었다. 표면적인 외양 너머 존재하는 의미를 추구한 것이다. 그에게는 오직 영혼에 필수적인 것을 표현해야 한다는 믿음이 있었고, 이에 이런 이미지 제작에 있어서 특정한 장면이나 사건을 염두에 두고 그리지 않았다. 그리하여 궁극적으로 추상적인 형상, 디자인, 색채만 남은 미술에 이르게 되었다. 그가 집필한 <미술에 있어서 영적인 것에 관하여(Concerning the Spiritual in Art)>(1910)나 <점·선·면(Point and Line to Plane)(1926)>과 같은 저서들은 추상미술로 다가서는 그의 이론을 잘 설명하고 있으며, 추상미술이 대두해야 하는 타당성을 제시한다. 칸딘스키가 추상미술의 아버지로 불리게 된 계기이다.

과거에 없던 새로운 종류의 미술을 개척해 나가는 어려운 과정에서 그는 '내적인 필연성(inner necessity)'이 그림을 주도한다고 설명했다. 그에게는 미술에 영감을 주는 요소로 음악이나 소리도 중요했는데, 음악은 특정하게 재현적인 대상을 표현하지 않으면서도 보편적으로 전달해 내는 내용이 있다고 느꼈기 때문이다. 칸딘스키는 "색깔은 키보드이고, 눈은 하모니이며, 영혼은 여러 개의 음을 가진 피아노이다. 미술

칸딘스키〈구성 VII〉 트레트야코브 갤러리, 1913, 모스코바

가는 피아노를 치는 손으로, 하나나 여러 개의 음을 건드리며 영혼을 울린다.(Colour is the keyboard, the eyes are the harmony, the soul is the piano with many strings. The artist is the hand which plays, touching one key or another to cause vibratons in the soul.)"[20]라고 말하였다. 여러 가지 색깔들도 각기 상징적인 의미와 역할들이 있다고 그는 설명하는데, 예를 들어 파란색은 평화와 안정감의 색깔이고 정신적이고 영적인 색깔로, 영원, 천상, 안식과 평화를 의미한다. 파란색 중에서도 연한 파랑은 플루트 소리에 비견되며, 짙은 블루는 첼로, 가장 깊은 블루는 오르간에 상응하는 소리이다. 노랑은 따뜻하고 신나며, 사람

20 Wassily Kandinsky, Concerning the Spiritual in Art, Dover Publication, 1977.

들을 뒤흔드는 색상으로 공격과 광기를 의미하고, 거슬리는 색이기도 하다. 이는 쨍한 트럼펫 소리에 비견된다. 빨강은 가만히 있지 못하는, 성장하는, 살아있는, 혹은 남성적인 성숙함을 의미한다. 검정은 소멸이나 영원한 침묵, 적막과 같이 가능성이나 희망이 없는 상태를 의미한다. 멸종의 색이며 변할 수 없다. 그리고 그 반대인 흰색은 기쁨의 색으로 정의된다. 도형들 또한 이런 내재된 의미나 상징성을 가지고 있다. 예컨대 '원(circle)'은 모든 상반되는 세력들이 만나 생성된다. 중심으로 모이는 동심과 가장자리로 뻗어가는 편심을 단일 형태로 통합하고 있으며, 늘 평형상태를 유지한다. 이런 평정성으로 인해 원은 네모나 세모에 비해 보다 4차원적인 세상에 가까이 있는 도형으로 간주된다. 삶과 자연, 우주를 은유하고 있으며 에너지의 영원성을 담아내고 있다. 이러한 칸딘스키의 생각은 그리스 신 헤르메스와 이집트 신 토트를 결합한 인물로 알려진 트리스메지스투스의 작품에도 나오는 개념이었다.

> "원은 광범위한 의미를 지닌 보편적인 상징이다. 그것은 전체, 온전함, 원래의 완전함, 스스로 있는 자, 영원, 무한의 상징이다. 무시간을 의미하며 영원을 의미하고, 모든 순환적 움직임을 포함한다.
> 신은 원이다. 그 중심이 모든 곳에 있고, 그 가장자리는 없는."[21]

이처럼 칸딘스키에게 미술은 공감각적인 경험의 대상이었고, 영원으로 다가서는 통로여야 했다. 늘 어딘가 신비주의적이고 영성적인 면을

---

21 Hermes Trismegistus

가지고 있던 그의 언어는 개별적, 표피적 특성을 넘어 누구에게나 보편적으로 울림을 줄 수 있는 언어를 추구한다. 칸딘스키는 자신의 일부 순수 추상 작품들을 설명함에 있어서 '우주적인 혼돈' 혹은 '계시론적인 비젼'이라고 말하기도 하였다. 기독교인으로서는 당연히 창세기와 요한계시록이 생각나는 표현들이다. 칸딘스키의 언어는 많은 부분 성경에서 유추된 것처럼 보이기도 하지만 그의 그림들에서 복음이 관심의 대상은 아니었다. 하지만 그의 이론과 미술은 현대미술에 다분히 종교적이고 도덕적인 의미 및 목표를 부여했으며, 영성과 하나님에 대한 현대인의 시각을 보여준다.

몬드리안

한편, 칸딘스키와 쌍벽을 이룬다고 할 만한 또 한 명의 추상회화 작가로, 네덜란드 출신의 피에트 몬드리안(Piet Mondrian, 1872-1944)이 있다. 몬드리안도 칸딘스키처럼 창조란 정신적 계시를 담아야 한다고 믿었다. 그의 목표는 이 세상의 무질서로부터 인간을 해방시키는 것이었고, 그것은 탈자연을 통해서만 가능했다. 자연을 초월하여 보편적 조화를 표현하는 하나의 질서를 확립하는 것이 목적이었다.

칸딘스키가 '직관'의 의거하여 자신의 표현을 '즉흥적'으로 개척해나갔다면 몬드리안의 접근방식은 다분히 이성적인 면모가 있다. 하나님을 알아 간다는 '신지학(Theosophy)'이라는 학문 분야에 깊이 경도되어 있었던 그는 실제 자연계에 결여되어 있는 정확한 질서를 다시 찾고자 하였다. 개인적인 차이를 초월하여 누구에게나 영향을 미치는 우주의 근본적인 법칙으로 다가서고자 한 것이다. 몬드리안 역시 첫 시작은 자연을

몬드리안 〈빨간 나무〉 1908-10

몬드리안, 〈회색 나무〉 1912

모방하는 재현적인 미술에서 시작하였다. 그가 1911-12년에 남긴 나무 연작을 보면 작품의 소재는 잎이 다 떨어진 나무로, 초기 작품에서는 나뭇가지가 하늘을 향해 제각기 뻗어 있는 모습과 두터운 밑둥이 보임으로써 이것이 나무임을 쉽게 알려 준다. 하지만 서서히 몬드리안은 이 나뭇가지의 구조를 분석하고 정리하기 시작한다. 의미 없는 것들을 정리하고, 의미 있는 것들만 남긴다. 수많은 각도로 뻗어 있는 많은 가지가 있지만 결국 그가 적용하는 법칙으로 반올림, 반내림되어 조금은 거미줄 같은 선들로 분할되고 정리되기 시작한다. 그리하여 그의 화면은 궁극적으로 수직선과 수평선들의 조직으로 남는다. 마치 신지학에서 세상의 모든 사물을 음과 양의 균형으로 보며 우주를 요약하듯이, 여기서는 나무의 본질이 수직과 수평이라는 반대되는 요소들의 대비로 남는다. 사물들에서 필요없는 부분을 점점 빼가며 형태를 환원시키고 그 기저의 본질적인 형식만 남기고자 했다는 점에서 몬드리안은 세잔의 후예라 할 만하다.

칸딘스키가 우주적인 혼란에 매료되었다면 몬드리안에게는 우주적인 질서와 균형이 중요했다. 수직선은 생기를, 수평선은 평온함을 준다고 믿었고, 이들이 교차하는 지점에서 역동적인 평온함에 도달할 수 있

몬드리안 〈빨강, 파랑 노랑의 구성〉
쿤스트하우스, 1929, 취리히

다고 믿었다. 게다가 균형이나 조화의 개념도 그에게는 중요했다. 몬드리안의 그림이 언뜻 보기에는 수평·수직선의 조합으로 누구나 그릴 만큼 쉬워 보여도 실제로 그렇지 않은 이유는, 그가 세심히 주의를 기울여 맞춘 수평·수직선의 위치, 면과 선의 굵기 및 균형감에 있다. 몬드리안의 경우, 그의 환원적인 노력은 단지 형태의 환원에 그치지 않았다. 일체의 형태를 수평과 수직으로 정리한 데서 더 나아가 그는 자연 속에 존재하는 갖가지 수많은 색깔들까지도 빨강, 파랑, 노랑의 최소한의 단위들로 환원하여 삼원색으로 축약된 화면을 만든다. 결과적으로, 세상에 존재하는 모든 형태와 색깔, 그 우주의 질서를 최소의 단위로 정수만 남겨 보겠다는 환원주의의 과제를 평면 회화의 역사에서 한 단락 끝장내는 지점까지 몬드리안은 몰고 간 것이다. 일체의 개인적인 차이를 초월하여 의미 없는 다름들을 제거하고, 보편적으로 적용되는 우주적 핵심만을 남기겠다는 그의 그림은 선과 색채의 관계만을 보여주는 순수추상으로 눈으로는 다 보이지 않는 보다 깊은 세상의 질서를 대변한다.

이처럼 20세기 초반, 미술계에서는 지극히 종교적이고 신비주의적인 성향을 가졌던 두 명의 작가가 현대미술의 새 장을 개척하였다. 이들에게 '추상미술'이라는 새로운 문을 두드리게 한 것은 '눈으로 볼 수 없는' 그 너머의 세상, 즉 우주와 하나님, 영적인 실재를 담아내고자 하는 갈급함에서 출발하였다. 더 이상 '기독미술'을 그리는 것이 우리의 주류 문화가 아닌 시기에 나온 '영성적인 미술'로 과거의 미술과는 완전히 다른, '순수추상'이라는 영역을 모두에게 열어 준 것이다.

02. 말레비치 케이스

앞서 칸딘스키와 몬드리안이 현대미술에서 순수 추상으로의 길을 열었던 과정을 살펴보았다. 여기에 덧붙이고 싶은 한 명의 인물이 더 있으니 러시아(우크라이나) 출신의 말레비치(Kasmir Malevich, 1879-1935)이다. 사실 이 세 사람 외에도 추상화 작업을 시도한 사람들이 있었지만 이 세 명이 전위미술계의 활발한 참여자로서 이론을 만들고 책을 출판하는 등 활동이 컸기 때문에 자신들의 영향력과 가시력을 높이고 역사 속에서 기억될 수 있었던 것이라고 생각된다. 여기서 칸딘스키와 몬드리안이 모두 자연에서 출발하여 영적이거나 본질적인 가치에 접근하며 순수추상에 도달했던 반면, 말레비치는 아예 처음부터 추상적인 사고에서 출발한 전위적인 미술가였다.

자연에서 완전히 벗어나 온전히 관념적인 영성에 근거하여 순수하고도 절대적인 세계를 회화에서 구축하고자 했던 말레비치의 경우, 예술은 자연의 모방이 아니라 훨씬 절대적인 이념에 기반하여 새로운 형태의 '리얼리티'를 구성하는 것이었다. 그는 '창조적 미술에 있어서 순수한 느낌의 절대성'을 추구하였다고 말하였는데, 이는 20세기 초반부터 사람들이 얽매여 있는 정치, 정형화된 종교, 전통 사상들로부터 인간 정신을 해방하는 데 기하학적 추상이 도움이 된다고 믿었다. 처음부터 칸딘스키나 몬드리안이 가지 못했던 지점에서 시작한 것이다. 1913년에 절대주의의 개념을 언급했던 말레비치는, 1915년에는 <절대주의 선언문>을 발표하며 아무 것도 그려지지 않은 것 같은 그림을 전시했다. 이는 주로 흰색 위에 그려진 검은 사각형들이었다. 흰색 바탕에 남은 검은 사각형들은 그냥 사각형이 아니라 재현의 의지를 버린 결과로, 대상의 부재에 대한 느낌을 표출한다고 설명되었다. 자신은 0(zero)의 형태로 만들어 감수성 이외에는 무엇도 확실하지 않은 미지의 지평을 위해 불필요한 것들을 다 제거하고 나니 사각형 밖에 안 남았다는 논리였다. 이에 이 검정 사각형들은 "미술에서 순수한 창조에 대한 첫 발걸음"[22] 이었으며 "모든 잠재력을 안고 있는 시발점이자 배(embryo)"[23]였다. 결과적으로 네모난 형태가 많이 보이는 그의 작업은 형식상으로는 몬드리안과 비슷하지만, 일한 방식에 있어서는 보다 주관적인 칸딘스키와 비슷한 경향이 있다. 정신적이고 순수한 감수성만을 추구한 결과로 비대상성에 이른 것이다.

이렇게 말레비치도 원래 그 성향상 영성을 중요하게 여기는 성격이었다. 그런데 추가적으로 한가지 더 흥미로운 점이 있다. 말레비치가 이런 작품을 전시할 때 특유의 신비주의적 성향을 표출했다는 점을 많은 사람들이 알아본 것이다. 1915년 전시에서 <흰색 바탕의 검은 사각형>

---

22 Kazimir Malevich, from Cubism and Futurism to Suprematism: The New Realism in Painting (Moscow, 1916).

23 작가가 1915년 마트유신에게 보낸 편지글. John Milner, Kazimir Malevich and the Art of Geometry (New Haven, 1996), 127. 재인용.

말레비치. 1915년 생페테르부르크에서의 〈마지막 미래주의 전시 0.10〉 전시 정경

을 설치하면서 그는 마치 러시아 민가에 설치된 성상처럼 작품을 전시장 모퉁이를 가로질러 비스듬이 걸었다. 러시아 농가에는 소위 '빨간' 코너라고 불리는 공간이 있는데, 빨갛다 함은 가장 아름답고 주된 공간이라는 의미였다. 이 코너에는 직각으로 물린 양 벽과 천장에 맞닿게 아이콘이 마치 사람을 내려다보듯 기울어진 모습으로 설치되곤 했다. 이 코너는 집에서 가장 중요하고, 거룩하고 성스러운 장소였기에 모여서 밥을 먹는 식탁이 그 아래 놓이거나 물 끓이는 주전자가 놓이기도 했다. 그런데 말레비치는 자신의 절대주의적 추상화를 전시하면서 마치 민가에서 종교적 아이콘을 거는 것처럼 그림을 코너에 위치시켜 자신의 미술을 오랜 기독미술의 전통과 연결시켰던 것이다. 그 외에도 다른 그림들에서도 말레비치의 그림에는 성상적인 특성으로 부각되는 부분이 있었다. 그 중 <흰색 바탕 위의 십자가>(1915-24)는 부인할 수 없는 예다. 말레비치가 기독교적인 신앙심으로만 이런 그림을 그린 것은 아닐지도 모르지만 그의 미술이 영적이고 신비주의적 경향을 짙게 깔고 있었던 것은 분명하

말레비치 〈흰색 바탕 위의 십자가〉 국립현대미술관, 1915-24, 파리

다. 비물질적이고 정신적인 순수한 감성의 세계에서 리얼리티를 보고 더 본질적이고 궁극적인 세계를 추구한 것이다.

이런 의미에서 말레비치의 가장 유명한 그림을 언급하지 않을 수 없다. <흰색 위의 흰색>(1918)은 화면에서 일체의 잉여적인 요소를 제거한 환원주의적 노력의 극치라 할 만한 것으로, 절대주의의 대표적인 발언 같은 그림이다. 마치 '이것이 의미있는 그림을 만들기 위해 내가 필요로 하는 모든 것' 이라고 그는 말하고 있는 듯하다. 그림이 보여주는 것처럼 말레비치의 색채에 대한 고민은 모든 색채의 근원인 흰색으로 귀결되었다. 색채의 순수함과 신성함을 부여하는 동시에 현실에서 이탈한 순수 기하학적 추상으로 순수한 사고의 영역으로 침잠한 극단적인 예라고 할

말레비치 〈흰색 위의 흰색〉 1918, 뉴욕 모마

수 있다. 하지만 다른 한편으로 텅 빈 캔버스는 절대로 넘을 수 없는 회화의 한계를 표현하는 것 같기도 하여 회화적 유언장 같아 보이기도 한다. 이처럼 말레비치는 절대주의의 대표적인 작품을 아무런 색깔의 대조나 도형의 변화도 없이 그저 흰색 사각형을 또 하나의 흰색 사각형 안에 위치시킴으로써 명상적인 분위기를 유도한다.

하지만 당시 러시아 내에서는 물질에 기반을 두는 새로운 정치적 경향이 커지며 말레비치의 관념적이고 영적이고 신비주의적인 미술은 점점 설 자리를 잃게 되고 만다. 일종의 거대한 영적 싸움터 같았던 이 시기 미술을 보다 잘 이해하기 위해 아래 내용을 추가로 서술한다.

구축주의

말레비치가 절대주의를 선언하자 이런 영성적인 성향의 미술에 반대하는 움직임이 곧바로 등장했는데, 이는 사회주의에 영향을 받은 구축주의자들이었다. 대략 1915년부터 러시아의 타틀린(Vladimire Tatlin, 1885-1953)을 중심으로 재료의 순수성을 강조하며 일종의 물질주의적인 경향을 보였던 이들은 유물론자들이었다. 앞서 말레비치의 그림이 다분히 영성적이고 정신적인 가치를 담고 있었으며 그가 작품을 설치한 방식에도 뭔가 종교적인 분위기가 있었음을 언급했는데, 구축주의 작가들은 "전통적 미술가는 부르주아 사회를 위해 존재한다"며, "새로운 미술가는 교회나 궁전, 묘지, 미술관을 위해 일해서는 안 된다"는 입장이었다. 그렇다. 새로운 미술은 '교회'를 위해 일하면 안 되었다. 미술이 제조의 행위이지 지각의 수단이 아니라고 본 이들은 지식보다 물질적 창조를 우위에 놓는 미술을 추구한다. 정물화를 부르주아 소유개념으로 보았기 때문에 구축주의자들도 사회주의에는 추상이 더 적절하다는 입장이었다. 이들의 미술은 무엇보다 러시아 혁명이 추구하는 유토피아의 건설에 대한 것이었다. 이에 레닌 하에서는 국가 차원에서 전위 미술을 후원하였고, 순수한 추상미술이 유토피아 사회주의 사상과 감정을 주입시킬 수 있는 수단으로 사용되었다. 모든 사람이 구입할 수 있는 값싼 미술을 이들은 추구했다.

마치 말레비치에게 정면으로 공격하듯이 로드첸코(Alexander Rodchenko, 1891-1956) 는 말레비치의 <흰색 위의 흰색>(1918)에 이어 <검정 위의 검정>(1918)을 내놓았다. 자신들의 비약(飛躍)은 회화가 지금껏 겪어 온 일체의 이즘(ism)을 파괴하는 데 있으며, 색채 회화가 끝난 지금 모든 이즘의 임종을 지켜보며 죽은 진리와 작별할 뿐이라고 했다. 삶, 예술, 혁명의 관계에 대한 입장을 표명하였고, 미술가를 엔지니어라고 부르며 신비주의적인 경향을 말살하였다. 회화보다 물질의 성격이 부각되는 3D 조각 작품이 힘을 얻을 수 있었던 것도 이런 이유 때문일 것이다. 특히 조각에서 쇠나 유리와 같은 현대적인 소재를 많이 사용했는데, 이런 소재들은 이들이 건설하고자 하는 새로운 유토피아의 개념을 암시하고 있었다. 조각의 형태도 언급할 만하다. 타틀린(Vladmir Tatline)의 <카운터 릴리프> 1916가 보여주듯이 '속이 뚫려 있는' 이 조각들은 전통적인 재현을 거부하고, 원 재료인 나무의 속성을 강조

로드첸코 〈검정 위의 검정〉 1918,
뉴욕 모마

하며 모서리에 걸쳐진 채 실제 공간을 조각 작품의 일부로 끌어들이는 경향이 있다. 소위 '조각의 성스러운 공간'과 '일상 속의 실제 공간'을 구분하지 않는 이 방식은 '예술과 삶이 하나'라고 믿는 이들의 신념과 연결된다. 미술의 사회적 실천을 강조하면서 사회전반적인 혁명 정사에 힘입어 미술가 역시 엔지니어의 개념으로 보고, 우리 세상에 성스럽고 거룩한 것은 사실 없고, 오직 우리의 물질 세계만 있다고 주장한 것이었다.

하지만 위에서 논의한 로드첸코나 타틀린의 작업들이 그래도 순수한 미학에 대한 문제였다면 리시츠키(El Lissitzky, 1890-1941)에 이르러 그 사회주의적인 경향의 미술은 그 정치성이 더 노골적으로 강해진다. 특히 리시츠키의 <붉은 말뚝으로 흰색을 부술 것(Beat the Whites with the Red Wedge)>(1919)는 말레비치의 종교를 죄목으로 삼아 공개적으로 정죄하고 궁극적으로 살해하는 메시지 같이 느껴져 섬뜩하다. 그는 볼쉐비키의 통일된 힘을 상징하는 빨간 삼각형이 흐드러진 백러시아인의 조직으로 침투하는 볼셰비키 선전 포스터를 제작하였는데, 이는 러시아가 주로 '적군'(공산주의자, 사회주의자, 혁명가)과 백군(군주제. 보수주의자, 자유주의자, 볼셰비키 혁명에 반대하는 다른 사회주의자) 사이에 벌어진 내전을 겪고 있던 1919년에 제작되었다. 후일 리시츠키는 이 디자인을 사용하여 아피코즈레스(Apikojres)(무신론자) 잡지의 표지를 만들었는데, 이런 그의 행동은 종교적인 의미로까지 확장되어 암시하는 바가 크다. 무신론을 지지하는 잡지 표지로, 신의 죽음을 암시하며 빨간 쐐기의 볼셰비키 혁명이 우세함을 보여줬기 때문이다. 이에 대해 한 미술사학자는 리시츠키가 혁명의 힘을 믿었고 그것을 유대교의 메시아적 요소와 결합했다고 언급한 바 있다.

리시츠키 〈붉은 말뚝으로 흰색을 부술 것〉 1919

스탈린 치하의 사회주의 리얼리즘

그러나 작품을 통해 과학기술의 진보에 의한 유토피아를 건설할 수 있다고 믿었던 러시아 구축주의자들의 꿈도 1924년이 되면서 무참히 깨어지고 말았다. 스탈린 치하에서 새로이 집권한 공산당은 미술이란 실용적이고 대중을 위한 것이라고 선언함으로써 오로지 정부 정책에 부응하는 정치선전용 미술만을 공식 미술로 채택했기 때문이다. 스탈린은 이런 시책에 호응하지 않는 미술가는 강제수용소에 수감하고 이들의 작업을 압수하였다. 이로써 일체의 전위적인 예술 행위, 지적인 확장 작업은 일종의 범죄 행위로 취급되었다. 이렇게 러시아 미술에서 한 때 놀라웠던 혁신의 공기는 너무나 짧게 막을 내렸다.

다시 말레비치의 이야기로 돌아오자. 1922년 이후 말레비치는 절대주의 작품을 러시아에서 전시하지 않게 된다. 정치 개혁에 희생 당한 케이스였다. 순수한 정신에 대한 추구가 유물론적 가치관에 밀려 사장된 케이스였다. 이런 의미에서 러시아 혁명에서 스탈린 집권으로 이르는 이 시기의 러시아는 그야말로 영적인 전쟁터였다는 생각이 든다. 절대적 가치를 추구하며 전통 기독교 정신의 흔적을 찾는 이와 이를 거부하며 값싼 모두의 미술, 그리고 유물론적 가치관이야말로 유토피아로 가는 길이라고 역설한 이들이 영적, 정신적, 물리적으로 부딪혔던 현장인 것이다. 말레비치가 명맥을 이어간 절대적 가치에 대한 추구는 비록 스탈린 하에서는 사장되었지만, 그가 미술에서 성취한 놀라운 성과와 공헌은 명성으로 남아 서유럽으로 전파되었다.

칸딘스키, 말레비치, 그리고 타틀린 등을 비롯하여 현대미술에서의 순수추상에 대한 많은 운동이 러시아 출신을 중심으로 일어났다는 점은 흥미롭다고 보인다. 말레비치나 몬드리안에 비하면 피카소나 브라크는 구상 대 추상의 구도에서 확고하게 구상의 자리에 서게 되는 것이므로 추상미술의 논의상 러시아 출신의 작가들이 가지는 전위적인 힘은 대단하였다고 본다. 하지만 히틀러 치하의 독일이나, 스탈린과 레닌 치하의 러시아나, 오로지 사회주의 리얼리즘 계열로 미술이 정치화되면서 전위 미술을 이끌었던 그 땅의 예술가들은 억압받고, 말살되고, 사그라졌다. 오직 운 좋게 미국으로 탈출할 수 있었던 소수만이 이후에 창작 작업을 이어갈 수 있었다. 이를 계기로 빼어난 인재를 망명으로 수용하고 이민자로 받아들였던 미국은 2차 세계대전 이후 국제 미술계의 중심으로 부상하게 된다.

03. 우리 시대의 '절대 순수'-이제 어디로?

세잔이나 몬드리안과 같은 모더니즘 화가들이 미술을 그 본질적인 형상, 더 이상 줄일 수 없는 에센스로 환원시켜 나간 노력의 필연적인 귀착 지점이 서구사회, 더 정확하게 60년대말 미국에서는 미니멀리즘이었다. 이런 윗 세대의 노력을 일찍이 이어받아 박차를 가한 1940년대 미국의 영향력 있는 비평가가 있었으니 곧 클라멘트 그린버그(Clement Greenberg, 1909-1994) 였다. 예술의 순수성을 지키기 위해 정치나 사회, 경제와 같은 '타락한' 요소들이 예술의 영역에 개입하는 것을 저지하였고, 이에 러시아에서 행해지고 있는 것 같은 정치선전적인 미술이나 미국 사회의 천박한 상업적 물질주의를 대변하는 팝 아트를 똑같이 저급한 미술로 여겼다. 몬드리안과 마찬가지로, 개인적인 차이를 넘어서는 보다 보편적인 질서, 원리원칙을 중요하게 생각했기 때문에 지나치게 감상적이거나 개성적인 미술도 배제했다. 그린버그가 추구한 미학은 시대적 기복이나 문화적 차이에 좌지우지 되지 않는, 이런 차이들을 모두 넘어서서 통용되고 존재할 수 있는 절대 미학이었다. 소재가 주는 스토리적인 측면은 정치사회적인 영역을 미술에 끌어들여 미술의 순수성을 방해한다고 보았기 때문에 추상미술을 지지했으며, 결과적으로 차갑고 논리적인 환원주의의 길을 걸었다. 그런데 여기서 그가 환원주의를 적용한 방식이 '형식'이었다. 그에게 형식은 물질이었다. 틀을 짜서 만든 캔버스와 덩어리로 붙는 물감, 이 모든 것이 '허상'을 벗어버린 회화의 본질적인 구조라고 생각했다. 여기서 더이상 추출 불가능한 형태로 온전히 환원되어 가장 순수한 형태 상의 정수를 얻어내는 것이야말로 모더니즘 미술의 나아가야 할 길이라고 그는 선언하였다.

토니 스미스(Tony Smith, 1912-1980)의 <주사위(Die)>(1962)는 이런 의미에서 좌충우돌하던 노력들에 대한 하나의 귀결 지점으로 여겨져 의미심장하다. 마치 몬드리안의 형상들이 수평선과 수직선으로 이루어진 사각형 꼴로 귀환했듯이, 60년대에 이르러 그린버그 미학의 종착점은 주사위와 같은 직육면체 형태로 환원되었다. 하지만 드디어 완성된 형식에 이르렀다는 반가움은 곧이어 이제는 더 이상 더 환원시킬 수 있는 여지가 없는 이론적인 '끝'에 이르러 더 이상 갈 곳이 없어졌다는 아이러니이기도 했다.

다른 미니멀리즘 작가들도 마찬가지였다. 저드(Donald Judd, 1928-1994)는 기계로 만든 스테인레스 스틸이나 플라스틱 유리, 합판 상자를 이용하여 벽에 수직으로 줄을 맞춰 돌출되게 전시한 일련의 작품을 만들었고, 안드레(Carl Andre, 1935-2024)는 마그네슘, 알루미늄, 납, 혹

스미스 〈주사위〉 1962, 내셔널 갤러리 오브 아트, 워싱턴

은 합금으로 제작된 납작한 타일들을 공간에 깔아 펼쳐놓는 작품을 제시하였는데, 이 두 작가가 모두 공장에 주문을 넣고, 공장에서 생산된 제품을 그대로 나열하여 전시하는 방식을 취했다. 결국 미니멀리즘은 공장에서 생산된 그대로의 물질에 근거해있다는 의미에서 벌거벗은 '사물성(objecthood)'을 보인다고 해석되었다. 예술도 아닌 것이 예술인 척 한다는 비난도 받았다. 이에 대해 예술가에 따라서는 "당신의 눈에 보이는 것이 거기에 있는 전부"라며 예술에 대한 허상을 벗어 버릴 것을 적극적으로 요구하기도 하였다. 이 작업들 역시 조각 작품을 받침대나 단이 없이 작품을 전시공간 바닥에 덩그렇게 세워 두었는데, 마치 구축주의자들의 작업처럼 이들도 삶의 공간과 예술의 공간이 구별되지 않는 영역으로 흘러들어 가고 있음을 암시한다. 소위 '신성한 영역'과 '일상의 영역'에 대한 구분이 없다는 것은 절대적인 가치를 인정하지 않는다는 의미이며, 이에 끝없는 상대주의적인 가치관에 기대어 있다는 의미이기도 하다.

돌이켜 보건대 미술에서의 미니멀리즘은 결국, 세잔이나 몬드리안의 노력에서부터 예고되었듯이 우리의 눈이 보는 외양을 넘어서서 사물의 '본질'에 가 닿겠다는 어쩌면 인간의 가장 숭고하고 위대한 노력을 반영한다. 형식이 최소일수록 내용은 최대가 된다는 의미는 필요 없는 잉여적인 것을 하나씩 파악하며 제거해 나가는 작업으로, 그 과정은 거의 종교적인 구도의 여정에 비견되는 성격이 있다. 그들은 도덕적인 것을 지향했고, 순수하고 절대적인 대상을 추구하였다. 하지만 그린버그에게는 묘한 이중성이 있었다. 한 때 사회주의에도 경도되었던 인물로서 그에게는 어쩌면 사회주의적 유물론, 어쩌면 미국적 프래그마티즘과 만나는 '물질'에 대한 가치가 숨어 있었다. 그래서 절대주의적 미학을 밀어붙이는 실질적인 수단으로는 '형식'을 적용하고, 이것은 곧 캔버스나 물감과 같은 실제로 존재하는 물질에 적용되었다. 처음부터 만나기 힘든 두가지를 붙여놓고 시작했다고도 할 수 있을 것 같다. 시간이 흐르고 그 미학이 전진될수록 그린버그 미학이 내재적으로 안고 있던 모순은 드러났다. 그린버그의 미학에 올인했던 자들의 눈에조차 이 길이 막다른 골목임을 알아차리는데는 오랜 시간이 걸리지 않았다.

결국 미니멀리즘의 미학은 "1온스의 순금을 얻기 위해 3톤의 쓰레기를 캐서 버리는 작업"이라는 형식주의 환원주의의 미학을 보여주는 동시에 "당신의 눈에 보이는 것. 그것이 거기에 있는 전부이다. (What you see is what you see.)"라는 스텔라(Frank Stella, 1936-2024)의 말이 아이러니컬하게 오버랩되는 묘한 지점이 되었다. '순수한 정금을 얻기 위한 노력'이 '일상의 물건'으로 끝나버린 것이다. 가장 고결한 것과 가장 낮은 것의 혼재라고나 할까. 그 수사가 아무리 절대와 순수를 종교에 비견되는 도덕성으로 논하고, 그 노력이 아무리 진지했다 하더라도, 복음이 빠진 구도의 노력은 결실을 맺을 수 없는 허상임을 현대미술이 드러낸 셈이다.

이로써 미국 모더니즘의 정점이었던 그린버그의 미학은 그 실체가 드러난 1960년대 말, 바로 힘을 잃고, 미술계는 모더니즘 가치관에 기본적으로 저항하는 가치관들로 대체되어 갔다. 따라서 포스트모던 시대의 시작은 본질·절대·순수과 같은 일체의 가치들에는 이제 짙은 회의밖에 남아있는 것이 없음을 고백하는 자리에서 시작되었다. 더 이상 순수한 것도, 아름다운 것도, 바람직한 것도, 절대적인 것도, 추구할 대상도, 이 세상에는 존재하지 않고 모든 것은 그저 상대적일 뿐이라는 회의적인 세계관이 세상을 지배하게 된 것이다.

04. 빛의 미술

기독교 미술의 역사를 통해 '빛'이라는 소재는 그리스도의 말씀과 하나님의 진리를 암시하는 중요한 주제로 다루어져왔다. 고대부터 기독인들은 유리 모자이크를 통해 빛이 반사하는 아름다움으로 천상의 신비감을 표현하였고, 이후 중세를 거쳐 고딕 성당의 스테인드 글라스가 기독교적 비물질성과 신비로움을 담아내는 도구로 사용되었다. 르네상스와 바로크를 거쳐 빛이 그 그림의 주제가 된 화가들에 대한 설명도 앞서 언급한 바 있다. 도상적인 의미들이 짙은 그림들에서 촛불을 통해 하나님의 임재하심을 상징적으로 표현하였고, 특히 카라바지오나 렘브란트와 같은 바로크 작가들에게 빛은 화면이 드라마나 분위기를 좌지우지하는 핵심적인 조형요소로서 사건이나 인물 배후의 영적인 세계를 암시하는 중요한 도구가 되었다. 19세기에 들어서는 풍경화 속에서 보여지는 자연 속에서의 빛이 하나님의 임재를 느끼게 하는 감응으로 다가왔는데, 특히 미국에서는 풍경 속에서 번져가는 낭만적이리만큼 아름답고 환상적인 빛이 미국 땅을 향한 하나님의 축복을 표현하기도 하여 그 내셔널리즘적인 성격이 드러나기도 한다. 인상주의에서의 빛은 이전의 모든 상징적인 의미가 배제된 채 온전히 망막적인 시각효과로 축소된 물리적인 빛이다. 사실주의의 끝에서 종교적인 암시나 함의까지 벗어버리게 된 19세기 말이었다.

하지만 20세기에 들어서도 '빛'의 미술이 온전히 사라진 것은 아니었다. 그것이 꼭 정통 기독교에 부합되는가에 대해서는 의견이 다를 수 있겠으나 '빛'의 상징성과 그것이 상징하는 영성은 다분히 기독교적인 전통에서 유래한 의미적 근원을 가진다. 책의 마지막을 정리하면서 2명의 작가에 대해 언급하고자 한다. 로스코와 터렐이다.

로스코(Mark Rothko)

러시아계 유태인 출신으로 자신의 그림이 단순히 미술적인 영역을 넘어 종교적인 의미까지 담을 수 있다는 신념을 가졌던 로스코(Mark Rothko, 1903-1970)는 물질주의적 가치관이 팽배했던 1950년대~60년대의 미국 사회에서 독특한 영성적인 면모를 강조한다. 1950년대에 들어서면서 작가는 일명 로스코 스타일로 유명해진, 거대한 화면 속에 들어있는 사각형들을 그렸다. 테두리가 부드러운 아름다운 색깔의 사각형들은 단순하면서도 매우 폭넓은 색채들을 사용하고 있었고, 이에 모뉴멘탈(monumental)하고, 극적이면서도 소박하고 서정적이기도 한 다양한 분위기와 효과를 자아내었다. 번져 나가는 듯한 색깔의 아름다움만으로도 마음을 빼앗기기에 충분했지만, 작가는 이 그림들에서 색깔 사이의 관계에만 감동을 받는다면 그것은 그림을 제대로 보지 못한 것이라고 설명한다. 그가 표현하고자 한 것은 인간의 가장 근본적이고 거대한 감정들이었다. 더 구체적으로 그것은 "비극, 황홀경, 종말 (tragedy, ecstasy, doom)."이었다. 태생적으로 내재된 슬픔을 안고 있는 그림이었기에 누군가가 그의 그림 앞에서 무너지고 울음을 터뜨린다면 그것은 오히려 자연스런 일이었다. 로스코는 이런 경험에 대해 '두 개의 슬픔이 만나 비로소 덜 슬퍼할 수 있는 자리'라고 설명하며, 자신의 그림이 이런 위안이 되길 희망하였다.

영혼을 건드리는 그림답게, 로스코의 그림도 '빛'의 효과와 무관하지

로스코 〈시그램 벽화들〉 2024년 파리 루이비통재단에서의 전시 정경

않다. 경계가 흐려져 있는 부드러운 사각형들은 조용히 빛을 발하고 있는 인상을 주며 마치 스물스물 숨이라도 쉬듯 미세하게 움직이고 있다. 이들은 저 밑 어디에선가부터 비쳐 올라오는 빛을 투사해내는 듯 반투명한 필름처럼 허공에 떠있다. 뉴욕 현대미술관의 루빈(William S. Rubin)의 말처럼 "컬러 사각형들이 순수한 빛으로 비물질화"된 장면을 우리는 마주하게 된다.

작업이 가지는 명상적인 성격 역시 언급할 만하다. 로스코의 커다란 사각형들은 똑바로 정면을 향하고 있어서 관람객을 온전히 마주보고 있다. 여기에는 어떤 주저함도, 숨김도 없다. 화면 전체가 정적인 느낌을 주면서 관람자를 솔직하게 서도록 만들고, 고요하고 평화로운 분위기 속에서 명상적인 분위기에 빠져들게 한다. 마치 19세기 프리드리히의 대자연의 장엄한 풍경을 응시하는 '방랑자'에 대한 20세기 추상화적 버전인 듯이 그림들 역시, 거대한 포스로 관람자를 압도하면서도 서정적으로 빠져들게 하는 상황을 연출한다. 고요한 율동적인 설레임 속에서 신비의 색을 뿜어내는 이 작품들은 영원히 순수하게 존재하는 보다 본질적인 것을 찾아 내면으로 치닫는 경험을 유도하고 있다.

1958년, 작가는 시그램 회사의 맨하탄 본사 1층, '포시즌(Four Seasons)' 레스토랑의 2개 벽면을 장식할 그림을 제작해달라는 의뢰를 받았다. 시그램 빌딩은 당대 최고의 건축가인 미스 반 데어 로에가 설계한 건물이었고, '포시즌' 식당은 뉴욕 시에서 가장 호화로운 고급식당 중 으뜸이라 할 만 했다. 이후 1년에 걸쳐 로스코는 혼신의 힘을 다해 그림을 제작했다. 하지만 1958년, 그림의 현장 설치 일정을 앞두고 레스토랑을 처음 방문하여 식사를 했던 로스코는 식당의 호화로움에 충격을 받고서 바로 계약을 파기하고, 일체의 커미션 비용을 환불했을뿐더러, 작품의 인도를 거부하였다. 그 당시 금액으로 $35,000불을 받는 현대미술계에서 전례가 없던 최고의 커미션이었고, 그 방들을 위해 제작한 그림들이 모두 완성된 상태였는데도 말이다. "그처럼 많은 돈을 내고 그런 비싼 음식을 먹는 사람이라면 내 그림은 쳐다보지도 않을 것"이라는 것이 그의 이유였다. 다시 말해 자신의 그림은 인간의 비극과 슬픔에 대한 것인데, 그 식당은 자신의 그림이 걸릴 자리가 아니라는 의미였다.

이처럼 초월적인, 그리고 일견 신비주의적이고 낭만적이라고도 말할 수 있는 로스코의 그림들은, 물질주의에 대한 금욕주의적인 거리감을 두며 자신을 이 세계로부터 분리하고 오로지 정신적이고 영적인 세상만을 마주보게 하고자 하는 작가의 신념을 담아낸다. 작가는 "오늘날 풍요로워진 소비의 시대에 많은 조건이 살아가기에 나아졌겠지만 나는 안다.

여전히 우리 중 많은 이들은 뿌리를 내리고 자랄 수 있는 '고요한 공간'을 절박하게 구하고 있다는 것을. 부디 우리가 그 공간을 찾을 수 있기를."이라는 말을 남긴 적이 있다. 물질주의적인 세상을 살아가는 속에서도 오직 명상적인 가치만이 우리의 본질이고 진실임을 그는 뼈저리게 느끼고 있었던 것이다.

이런 작가가 1970년 세상을 떠났다. 자살이었다. 자신의 스튜디오에서 팔의 동맥을 잘라 스스로 목숨을 끊은 것이었다. 그날은 공교롭게도 시그램 벽화를 위해 그렸던 작품 중 일부가 영국의 테이트 모던(Tate Modern) 미술관에 기증되어 '로스코 전시실'로 특별히 마련된 방에 걸리는 영예로운 날이었다. 이후 그가 자살하기 전, 마지막으로 세상에 남긴 그림 <무제>(1970)가 알려졌다. 자못 충격적인 그림이었다. 저작권 문제로 이 책에 작품을 실을 수는 없으나 국내에서도 전시되었던 적이 있고, 인터넷에서 쉽게 찾을 수 있다. 생전에 늘 아름답거나, 혹은 깊고 어두운 색조를 쓰기도 했던 로스코였지만, 여기 이 그림은 오로지 선홍색 핏빛으로만 물들어 있다. 가슴이 서늘하다. 그가 늘 믿었던 그 영원하고 비극적인 것들(timeless and tragic)이 궁극적으로는 '자아소멸'을 암시한 것일까. 그의 마지막 그림은 그야말로 비극적인 슬픔의 끝을 보여주는 듯하다.

> "다른 이로써는 구원을 받을 수 없나니 천하 사람 중에 구원을 받을 만한 다른 이름을 우리에게 주신 일이 없음이라 하였더라." 사도행전 4:12

> "예수께서 가라사대 내가 곧 길이요 진리요 생명이니 나로 말미암지 않고는 아버지께로 올 자가 없느니라." 요한 14:6

로스코의 마지막 그림은 인간적인 노력이나 영성의 추구, 종교적인 구도에는 구원이 없음을 증언하는 듯하여 볼 때마다 로스코의 인생에 대한 안타까움과 슬픔을 느끼게 된다.

제임스 터렐(James Turrell)

터렐의 경우, 퀘이커 교도로서 종교적인 배경을 가지고 있고, 오늘날 작가로서는 드물게 영성을 그 작품에서 추구하는 특징을 가지고 있다. 컨템포러리 아트에서 사용하는 레이저 빛을 사용하여 갤러리 공간 내부의 빛을 온전히 통제하고 이를 완전히 다른 색깔의 빛들으로 온전히 채움으로써 우리가 평소에 느끼던 원경의 개념을 잊어버리게 만들고, 마치 영원 속에 서 있는 듯한 착각이 들게 만든다. 마치 죽어서 하늘나라에 가면 경험할 듯한 신비하고도 사차원적인 느낌의 아련한 공간에 서게 되는 것이다. 그 경험 자체로서 우리가 일상에서는 알지 못했던 무한의 느낌과 영성적인 분위기를 제공하는데, 최근에 들어서는 갤러리 내부에서 나와 실제 공간으로 나와 실제 빛을 새로운 느낌으로 경험하게 하는 구조물들을 만들곤 한다. 카푸어(Anish Kapoor, 1954-)라는 작가도 소위 '하늘 거울' 이라는 것을 만들어 우리가 일상 속에서 스쳐지나가며 미처 열심히 보지 못하는 하늘을 더 가까이서 보게 만드는 경험을 제공했는데, 이는 마치 조지아 오키프(Georgia O'Keeffe, 1887-1986)가 작은 꽃을 크게 그려 우리로 하여금 하나님께서 만드신 세상을 더 자세히 들여다보

2011 베니스 비엔날레에 설치된 터렐의 Ganzfeld Apani 전시 공간에 서 있는 관객의 모습

도록 안내하는 것과 같은 역할을 한다. 터렐이 건축물을 통해 하는 것도 비슷한 일로, 그는 구조물의 천장에 구멍을 뚫어 관람자들이 하늘을 직접 올려다 보게 만든다.실내 공간에 들어가 마주하게 되는 이 공간은 마치 하나님과 조용히 대화하는 시간을 가지라고 말하는 듯하다. 때로는 이 천장의 뻥 뚫린 구멍을 향해 올라갈 수 있도록 계단을 만들어 더 드라마틱하게 연출하기도 하는데 마치 계단을 올라가면 하늘에라도 닿을 듯, 야곱의 사다리가 생각나는 작업이기도 하다. 천장의 구멍을 멀리서 볼 때 층층이 빛이 아우라처럼 번져 나가는 울림을 만들기도 하고 이에 우리가 미술을 통해 현재의 이 순간을 초월하는 영적인 경험을 가질 수 있기를 안내한다. 복음에 대한 직접적인 이야기는 하지 않지만, 자연 속에서 하나님을 만나기를 안내하는 그의 몸짓은 자연을 통해 신과의 감응을 추구한 19세기 풍경화 작가들의 시도를 생각나게 하기도 한다.

모더니즘의 시대가 끝나고 도래한 포스트모던의 시대는 절대 및 순수에 대한 회의로 가득 찬 시대이다. 과거의 전통이나 원본성의 가치를 경시하고 일체의 상대적인 가치관들이 불러오는 다원주의적인 시각이 힘을 얻는다. 절대적으로 아름다운 것도, 순수한 것도 없으며, 선한 것도 없고, 악한 것도 없다. 모든 것은 오로지 회색 빛으로만 가득한 시대이다. 미술은 물론, 하나님의 존재도 부인하는 해체주의의 시대라 할 수 있다. 빛을 향한 갈망은 과거 어느 시대보다 오직 개개인의 마음 속에 존재하는 것이로되, 지배문화 속에서는 찾을 수 없는 것이 되어버렸다. 모든 종류의 문화가 그러하듯이, 미술 역시, '실제 하나님'이라기보다는 '사람들이 이해한 하나님'을 드러낸다. 다시 말해, 종교미술은 하나님 보다는 사람들에 대해 더 많이 보

카푸어 〈하늘 거울〉 2020. 영국 허프턴홀 정원

터렐 〈로든 크레이터〉

여준다. 하나님의 모습은 정형화된 특정한 형식 속에 존재하는 것이 아니며, 오로지 하나님을 믿는 사람들의 마음 속에서 움직여 왔다. 그리고 때로는 믿는 이들의 의식을 따라 시대를 초월하며 후세대의 누군가에게 전달되기도 했다. 오늘날도 기독미술은 조용한 골방에서 하나님과 나누는 은밀한 기도와 같은 것이라는 생각이 든다. 우리를 둘러싼 어두움이 짙을지라도 이 빛은 렘브란트가, 카라바지오가, 틴토레토가, 엘 그레코가 보여주듯 늘 어둠을 열고 들어와 우리를 더 높은 세계로 안내한다. 이런 빛들을 따라 하나님을 만나는 개인적이고도 우주적인 기적들이 우리에게도 허락되길 소망하고 기도한다. 성령이여, 우리를 도우소서. Sola Gratia, Sola Fide, Soli Deo Gloria.

참고문헌

기독교 도상학 (초기 기독교·비잔틴·로마네스크·고딕)

Camille, M. "Mouths and Meanings: Towards an Anti-Iconography of Medieval Art." in Cassidy, B. (ed.), Iconography at the Crossroads. Princeton: Princeton University Press, 1990.

Ferguson, G. Signs and Symbols in Christian Art, Oxford: Oxford University Press, 1954.

Grabar, A. Christian Iconography, A Study of Its Origins, Princeton: Princeton University Press, 1968.

Hall, J. Dictionary of Subjects and Symbols in Art, New York: Harper and Row Publishers, 1974.

Hassig, D. "The Iconography of Rejection: Jews and Other Monstrous Races," in Hourihane, C. (1999). Image and Belief. Princeton: Princeton University Press, 1999.

Heath, S. Pilgrim Life in the Middle Ages, London: Adelfi Terrace, 1971.

Lowden, J. Early Christian and Byzantine Art, London: Phaidon 1997.

Male, E. Religious Art in France, the Twelfth Century. Princeton: Princeton University Press, 1978.

Nelson, R. "A Byzantine Painter in Trecento Genoa: The Last Judgement at S. Lorenzo." Art Bulletin 67(4). 548-566.

Panofsky, E. Meaning in the Visual Arts: Papers in and on Art History. Garden City, NY: Doubleday, 1955.

Schapiro, M. The Sculpture of Moissac, New York: Thames and Hudson,

1985.
Snyder, J. Medieval Art, Painting, Sculpture, Architecture 4th-14th Century. NY: Harry N. Abrams, Inc., 1989.
Stokstad, M. Medieval Art, New York: Harper & Row Publishers, 1986.
Williamson, B. Christian Art: A Very Short Introduction. NY: Oxford University Press, 2004.

고전 미술 (그리스·로마)

Clark, K, The Nude: A Study in Ideal Form, Yale University Press 1956.
Woodford, S. Greek and Roman Art, Thames and Hudson, 2020.
Beard, M. Classical Art: From Greece to Rome, Oxford University Press, 2001.

르네상스 미술 (남유럽·북유럽)

Barnes, B. Michelangelo's Last Judgement: The Renaissance Response. Berkeley: University of California Press, 1999.
Bentley, G. E. The Stranger from Paradise. New Haven: Yale University Press, 2003.
Hartt, F. Italian Renaissance Art. New York: Harry N. Abrams, Inc. J. Paul Getty Museum, (1999). Alpha and Omega. Visions of the Millenium, Oxford: Oxford University Press, 1999.
Kurth, W. Durer, Complete Woodcuts. New York: Bonanza Books, NY, 1946.
Lane, B. G. "The Patron and the Pirate: The Mystery of Memling's Gdansk Last Judgement", The Art Bulletin, 73(4). 623-625.
Meiss, M. Painting in Florence and Siena After the Black Death: The Arts, Religion, and Society in the Mid-Fourteenth Century. Princeton: Princeton University Press, 1978.
Meyer, R. Representing the Passions: Histories, Bodies, Visions. LA: Getty Research Institutes, 2003.
Panofsky, E. Early Netherlandish Painting. New York: Harper & Row, 1975.
Steinberg, L. "Michelangelo's 'Last Judgement' Merciful Heresy", Art in America. 63. 49-60.

Steinberg, L. "The Line of Fate in Michelangelo's Painting", Critical Inquiry. 6(3). 32-57.

Turner, A. The History of Hell. 이찬수 역(1998). 『지옥의 역사 I & II』 서울: 동연, 1995.

McDannell, C. Heaven: A History. 고진옥 역 (1998). 『천국의 역사 I & II』. 서울: 동연, 1988.

The Audacity of Christian Art film series, Accessed June 5, 2023. https://www.nationalgallery.org.uk/research/about-research/art-and-religion/the-audacity-of-christian-art-film-series,

바로크 미술 (17세기 네덜란드)

Alpers, Svetlana. The Art of Describing: Dutch Art in the Seventeenth Century. Chicago: University of Chicago Press, 1983.

Bailey, Anthony. Rembrandt's House: Exploring the World of the Great Master. London: I. B. Tauris & Co. 2014.

Israel, Jonathan. The Dutch Republic: Its Rise, Greatness and Fall, 1477-1806. New York: Oxford University Press, 1998.

Janson, Jonathan. "Vermeer's Map," Essential Vermeer. Accessed September 22, 2016. http://www.essentialvermeer.com/maps/delft/maps_of_delft

Le Corbeiller, Clare, & Frelinghuysenm, Alice C. Chinese Export Porcelain. The Metropolitan Museum of Art Bulletin. Winter, 2003.

Lindemann, Bernd. Rembrandt to Vermeer. Civil Values in 17th-century Flemish and Dutch Painting. Fondazione Roma, Museo del Corso. Exhibition catalogue, 2009.

Munger, Jeffrey. East and West: Chinese Export Porcelain. Heilbrunn Timeline of Art History, The Metropolitan Museum of Art. Accessed September 29, 2016. http://www.metmuseum.org/toah/hd/ewpor/hd_ewpor.htm

Rinaldi, Maura. Kraak Porcelain: A Moment in the History of Trade. London: Bamboo Publication, 1989.

Rooseboom, Maria.(1958). The history of science and the Dutch collections. Museums Journal. Vol. 58. No. 9.

Smith, Pamela. Science and Taste: Painting, Passions, and the New

Philosophy in Seventeenth-Century Leiden. Isis. Vol 90: 420-261.
Sutton, Peter. Northern European Paintings in the Philadelphia Museum of Art. Philadelphia: Philadelphia Museum of Art, 1987.
Ydema, Onno. Carpets and their datings in Netherlandish Paintings, 1540-1700. Woodbridge: Antique Collectors' Club, 1991.

19세기 미술 (독일·미국·프랑스)

Thomson, Belinda, Impressionism: Origins, Practice, Reception. New York: Thames & Hudson, 2000.
Vaughan, William, Romanticism and Art. London Thames and Hudson, 1994.
Hokanson, Alison and Joanna Seidenstein et al. Caspar David Friedrich: The Soul of Nature, New York: The Metropolitan Museum of Art, 2025.
Gleis, Ralph and Birgit Verwiebe, Caspar David Friedrich: Infinite Landscapes, Prestel, 2024.
Blake, W. David V. Erdman(ed.) William Blake, The Complete Poetry and Prose, Anchor Books, 1988.
Danly, Susan and Leo Marx. The Railroad in American Art: Representations of Technological Change. Cambridge: MIT Press, 1988.
Gellner, Ernest. Nations and Nationalism. Ithaca: Cornell University Press, 1983.
Miller, Angela. The Empire of the Eye: Landscape Representation and American Cultural Politics, 1825-1875. Ithaca: Cornell University Press, 1993.
Mitchell, W. J. T. ed. Landscape and Power, Chicago: The University of Chicago Press, 1994.
Auricchio, Laura (October 2004). "Claude Monet (1840-1926)". Metropolitan Museum of Art. Accessed 6 June 2021.
Levine, Steven, Monet, Narcissus, and Self-Reflection: The Modernist Myth of the Self, University of Chicago Press, 1994.
Levine, Steven (1986). "Monet's Series: Repetition, Obsession". October. 37: 65-75. doi:10.2307/778519. ISSN 0162-2870. JSTOR 778519.

Accessed July 5, 2021.
Tinterow, G. and Henri Loyrette, Origins of Impressionism. Metropolitan Museum of Art, 1994.
Honour, H. Neo-Classicism, Style and Civilization, Penguin Books, 1991.
Guardiano, N. Aesthetic Transcendentalism in Emerson, Peirce, and Nineteenth-Century American Landscape Painting (American Philosophy Series) Part of: American Philosophy (20 books), 2018.

현대미술 (20세기·컨템포러리)

Arnason, H. H., and Elizabeth C. Mansfield, History of Modern Art, Upper Saddle River: Pearson, 2009.
Barrett, Terry, Why is that Art?: Aesthetics and Criticism of Contemporary Art. NY: Oxford University Press, 2007.
Fineberg, J. (ed.) Art since 1940, Strategies of Being. New Jersey: Prentice Hall, 2000.
Kandinsky, W. Concerning the Spiritual in Art, 1911.
Jones, Amelia, A Companion to Contemporary Art Since 1945. Blackwell Publishing, 2006.
Stiles, Kristine, and Peter Selz, Theories and Documents of Contemporary Art: A Sourcebook of Artists' Writings, Berkeley: University of California Press, 2011.
van Gogh, The Complete Letters of Vincent van Gogh, Bulfinch Press, 1991.
______ From van Gogh to Theo van Gogh, Letters at the Vincent van Gogh Museum. https://vangoghletters.org/vg/letters/let691/letter.html#translation Accessed April 3, 2022.
Zuzanna Stanska, "The Mysterious Road From Edvard Munch's The Scream". Daily Art Magazine, December 12, 2016.
Malevich, Kazimir. from Cubism and Futurism to Suprematism: The New Realism in Painting, Moscow, 1916.
Milner, John. Kazimir Malevich and the Art of Geometry, New Haven, 1996.

기독 문화

Anderson, Cameron J. and G. Walter Hansen (ed.), God in the Modern Wing: Viewing Art with Eyes of Faith (Studies in Theology and the Arts Series), IVP Academic, 2021.

Azara, Nancy J., Spirit Taking Form: Making a Spiritual Practice of Making Art. Boston: Red Wheel, 2002.

Fujimura, Makoto. Art and Faith: A Theology of Making, Yale University Press, 2021.

Glaspey, Terry. 75 Masterpieces Every Christian Should Know: The Fascinating Stories Behind Great Works of Art, Literature, Music and Film, Moody Publishers, 2021.

______ Discovering God through the Arts: How We Can Grow Closer to God by Appreciating Beauty & Creativity P, Moody Publishers, 2021.

Nouwen, Henri J. M. The Return of the Prodigal Son: A Story of Homecoming, New York: Doubleday, 1994, 15.

Ramsey, Russ. Rembrandt Is in the Wind: Learning to Love Art through the Eyes of Faith, Zondervan, 2022.

Schaeffer, Francis A. Art and the Bible (IVP Classics), IVP, 2006

Weichbrodt, E. Y. Redeeming Vision: A Christian Guide to Looking at and Learning from Art, Baker Academic, 2023.

팀 켈러, 윤종석 옮김, 팀 켈러의 탕부 하나님: 예수 복음의 심장부를 찾아서, 두란노서원, 2016.

그림 목록

이미지 제공

본 저서에 사용된 다수의 사진들은 Alamy와 저작권 계약을 맺은 것입니다. 수록된 사진 중 일부는 노력에도 불구하고 저작권자를 확인하지 못하고 출간하였습니다. 확인이 되는 대로 최선을 다해 협의하겠습니다. 퍼블릭 도메인에 이미지가 있는 명화 작품들은 따로 표기하지 않았습니다.

1장

<선한 목자> 프리실라 카타콤 @Alamy Stock Photo
카릭스티스 카타콤의 <물고기> 이미지 @Alamy Stock Photo
<라바룸 석관> @Alamy Stock Photo
<갈라 플라시디아> 모자이크 디테일 및 천정 모자이크 @Alamy Stock Photo
샤를마뉴 대제의 시신을 감쌌던 수의 @Alamy Stock Photo
<천상의 궁전> 호지우스 조르지오 @Alamy Stock Photo
<유니우스 밧수스 석관> @Alamy Stock Photo

2장

산 비탈레 <유스티니아누스 황제> 모자이크 @Alamy Stock Photo
산 비탈레 <테오도라 황후> 모자이크 @Alamy Stock Photo
비잔틴 십자가 및 린다우 가스펠 커버 @Alamy Stock Photo
<최후의 심판> 모자이크, 피렌체 세례당 @Alamy Stock Photo
<최후의 심판> 오툉 성당 @Alamy Stock Photo
지오토 <최후의 심판> 아레네 성당 @Alamy Stock Photo
치오네 <지옥> 스트로찌 채플 @Alamy Stock Photo
부팔메꼬 <최후의 심판> @Alamy Stock Photo

얀 반 아이크 <최후의 심판> @Met's Open Access API
보쉬 <최후의 심판 삼면화-종말날> @Alamy Stock Photo

3장

그뤼네발트 <이젠하임 제단화> 세부 @Alamy Stock Photo
캠핀 <메로드 제단화> @Met's Open Access API
부츠 <가시관을 쓴 그리스도> @National Gallery London
로버티 <그리스도의 죽음> @National Gallery London

4장

뒤러 <계시록-4마리 말을 타는 사람들> @Met's Open Access
뒤러 <계시록-다섯 번째와 여섯 번째 인을 떼다> @Met's Open Access
크라나흐 <율법과 은혜> @Alamy Stock Photo
미켈란젤로 <최후의 심판> @Alamy Stock Photo

5장

클레즈 <터키파이가 있는 정물> @Alamy Stock Photo
드 힘 <꽃이 있는 정물> @Alamy Stock Photo

8장

스미스 <주사위> Creative Commons Attribution 2.0 Generic
로스코 <씨그램 벽화들> Creative Commons Attribution 2.0 Generic
터렐, 2011 베니스 비엔날레 @Alamy Stock Photo
카푸어 <하늘 거울> @Alamy Stock Photo
터렐 <로든 크레이터> Creative Commons Attribution 3.0

찾아보기

ㄱ

갈라 플라시디아 | 31, 32, 37, 66, 237
고갱 | 6, 180, 181, 182
공산당 | 216
공작새 | 26, 27, 38, 45
교황 | 82, 113, 121, 122, 123, 124
구축주의 | 213, 216, 220
그로츠 | 192, 193
그뤼네발트 | 100, 101, 102, 238
그리스·로마 | 21, 22, 24, 25, 26, 232
그린버그 | 218, 219, 220, 221
꽃 | 34, 45, 79, 124, 139, 140, 141, 155, 158, 188, 199, 227, 238

ㄴ

나르도 디 치오네 | 69, 70, 71, 74
나치 | 171, 186, 218
놀데 | 182, 183, 184, 185

ㄷ

다다 | 192, 194
단테 | 68, 69, 70, 76, 77, 123
돌아온 탕자 | 147, 148, 238
두치오 | 93, 94
뒤러 | 8, 74, 109, 111, 112, 113, 114, 115, 117, 118
드 힘 | 139, 140, 238

ㄹ

라바룸 십자가 | 30, 48
라파엘로 | 6, 89, 91, 100, 101
레오나르도 다 빈치 | 6, 89, 90, 97, 98
렘브란트 | 6, 9, 125, 143, 144, 145, 146, 147, 148, 149, 150, 151, 222, 230, 238
로드첸코 | 214, 215
로마네스크 | 8, 43, 51, 58, 59, 62, 67, 70, 231
로스코 | 6, 223, 224, 225, 226, 227, 238
루이스달 | 132
루터 | 112, 113, 121

ㅁ

마사치오 | 96
말레비치 | 9, 197, 209, 210, 211, 212, 213, 214, 215, 216, 217

멜링 | 81, 82
면죄부 | 112, 117
명백한 운명 | 161
모네 | 6, 163, 164, 165, 166, 203
모자이크 | 31, 32, 35, 36, 38, 45, 46, 47, 49, 51, 53, 55, 66, 222, 237
몬드리안 | 6, 202, 206, 207, 208, 209, 210, 217, 218, 219, 220
물고기 | 18, 26, 27, 28, 33, 35, 37, 237
뭉크 | 6, 178, 179, 180, 187, 190, 191, 238
미국 | 9, 138, 153, 159, 160, 161, 162, 180, 181, 185, 217, 218, 220, 221, 222, 223, 234, 243
미니멀리즘 | 218, 219, 220, 221
미켈란젤로 | 6, 8, 77, 107, 109, 118, 119, 120, 121, 122, 123, 124, 238
밀라노 칙령 | 29, 41

ㅂ

바니타스 | 141, 156, 201
반 고흐 | 6, 9, 167, 169, 170, 172, 173, 174, 238
반 데르 바이덴 | 79, 80, 81
반종교개혁 | 77, 119, 121, 122, 124, 128
벌레 | 19, 55, 141, 155
베르메르 | 133, 134, 135
보쉬 | 82, 83, 84, 111
보티첼리 | 97
본질 | 155, 166, 181, 195, 199, 200, 207, 209, 212, 218, 220, 221, 225, 226
볼셰비키 | 215
부팔메꼬 | 237
블레이크 | 157
비둘기 | 26, 28, 97
비어슈타트 | 159, 160, 161, 238

ㅅ

사물성 | 220
사실주의 | 130, 131, 135, 139, 142, 165, 201, 222
사회주의 리얼리즘 | 216, 217
산 비탈레 | 45, 46, 47, 51, 237
샌르담 | 127, 128, 129
생 라자르 성당 | 61
선한 목자 | 8, 11, 13, 15, 17, 20, 37, 41, 237
성경 | 1, 2, 3, 8, 16, 17, 18, 20, 21, 26, 33, 35, 37, 48, 50, 54, 58, 65, 88, 105, 109, 111, 112, 113, 118, 128, 130, 143, 147, 170, 171, 172, 177, 180, 181, 182, 185, 206
세기말 | 175
세잔 | 166, 199, 200, 201, 202, 207, 218, 220
순례자 | 59, 61, 62, 155, 170
숭고함 | 157, 158
쉴레 | 187, 188, 189
스미스 | 160, 219, 238
스크로베니 채플 | 66
스탈린 | 216, 217
스테인드 글라스 | 222

스페인 독감 | 187, 188, 189, 190, 191, 192
시뇨렐리 | 74, 75, 76, 77

ㅇ

아레나 채플 | 64, 65, 95
앙소르 | 176, 177, 178, 238
얀 반 고얀 | 131
얀 반 아이크 | 77, 78, 79, 98, 99, 104, 237, 238
역설어 | 8, 85, 93, 103
영성 | 9, 139, 145, 146, 181, 182, 195, 197, 199, 203, 205, 206, 209, 210, 213, 222, 223, 227
예수 | 5, 8, 11, 13, 14, 15, 17, 20, 21, 25, 27, 28, 30, 33, 34, 35, 36, 37, 39, 40, 41, 43, 45, 46, 47, 48, 49, 50, 51, 52, 54, 56, 57, 58, 59, 60, 61, 65, 67, 70, 71, 74, 76, 79, 81, 82, 88, 89, 90, 91, 93, 95, 97, 98, 100, 101, 102, 103, 105, 106, 107, 108, 116, 117, 118, 121, 122, 150, 170, 177, 178, 180, 182, 183, 227, 236, 243
오란트 | 21, 22, 25, 26, 33, 38
왕 중 왕 | 8, 11, 27, 34, 37, 39, 49
요나 | 18, 19, 20, 21
우상타파 | 6, 127, 130
원근법 | 8, 85, 87, 88, 89, 90, 96, 107
유니우스 밧수스 석관 | 39, 40, 237
유스티니아누스 황제 | 45, 46, 47, 48, 49
음악 | 15, 134, 203
이상적인 도시 | 91, 92
인상주의 | 163, 165, 166, 172, 199, 201, 222

ㅈ

자주색 토가 | 8, 11, 34, 36, 37, 45, 47, 51
저드 | 219
전염병 | 74, 113, 187, 191, 192
절대주의 | 210, 211, 212, 213, 216, 220
정면성 | 60
종교개혁 | 6, 7, 9, 51, 67, 76, 77, 84, 111, 112, 113, 118, 119, 121, 122, 124, 125, 127, 128, 129, 130, 138, 141, 142, 143, 155, 169, 186
좌우대칭 | 30, 88, 90, 92
지오토 | 64, 65, 66, 67, 68, 69, 76, 93, 94, 95, 96, 237

ㅊ

추상화 | 9, 197, 199, 200, 209, 211, 224

ㅋ

카라바지오 | 6, 102, 147, 222, 230
카이로 십자가 | 29, 33, 49, 237
카타콤 | 6, 13, 14, 15, 17, 18, 20, 21, 22, 26, 28, 29, 237
카푸어 | 227, 229, 238
칸딘스키 | 6, 202, 203, 204, 205, 206, 207, 209, 210, 217

캠핀 | 98, 104, 238
콘스탄티누스 | 28, 29, 34, 48, 49
콘트라포스토 | 25
크라나흐 | 8, 109, 111, 112, 113, 116, 118, 238
크리스터스 | 77, 79
클레즈 | 135, 136, 137, 142, 238

ㅌ

타틀린 | 213, 214, 215, 217
터렐 | 6, 223, 227, 228, 229, 238
테오도라 황후 | 46, 47, 49
퇴폐미술 | 186

ㅍ

파노프스키 | 33, 99
팬데믹 | 9, 63, 167, 175, 176, 187, 191, 192
페루지노 | 88
표현주의 | 176, 180, 182, 185, 186
프락시텔레스 | 23, 24
프리드리히 | 156, 157, 158, 224
피렌체 세례당 | 55, 57, 237

ㅎ

허세 부리는 정물 | 139
환원주의 | 208, 212, 218, 221

저자 소개

신채기

미술사학 박사. 계명대학교 미술대학 교수. 미국 마운트홀리옥대학 학사(미술사), 매사추세츠 주립대학교 석사(미술사), 그리고 이화여자대학교에서 미술사 박사학위를 받았다. 주한 미국대사관 문화부 선임전문위원(Senior Cultural Specialist)으로 근무했으며, 2009년 미국 국무부 메리토리어스 아너 어워드(US Department of State Meritorious Honor Award)를 수상했다. 할아버지 때부터 3대째 섬겨온 대한예수교장로회 동로교회에서 신앙생활을 하고 있다.

synn.chaeki@gmail.com